青岛大学学术专著出版基金资助

银行关联、政治关联对企业信贷融资的影响

周雪 王庆金 周键 著

The Impact of Bankers on the Board and Political
Connection on Corporate Credit Financing

中国社会科学出版社

图书在版编目(CIP)数据

银行关联、政治关联对企业信贷融资的影响/周雪,王庆金,周键著.—北京:中国社会科学出版社,2019.11
ISBN 978-7-5203-5252-9

Ⅰ.①银… Ⅱ.①周…②王…③周… Ⅲ.①企业融资—研究—中国 Ⅳ.①F279.23

中国版本图书馆 CIP 数据核字(2019)第 208977 号

出 版 人	赵剑英
责任编辑	刘 艳
责任校对	陈 晨
责任印制	戴 宽

出 版	中国社会科学出版社
社 址	北京鼓楼西大街甲 158 号
邮 编	100720
网 址	http://www.csspw.cn
发 行 部	010-84083685
门 市 部	010-84029450
经 销	新华书店及其他书店
印 刷	北京明恒达印务有限公司
装 订	廊坊市广阳区广增装订厂
版 次	2019 年 11 月第 1 版
印 次	2019 年 11 月第 1 次印刷
开 本	710×1000 1/16
印 张	13.25
插 页	2
字 数	138 千字
定 价	76.00 元

凡购买中国社会科学出版社图书,如有质量问题请与本社营销中心联系调换
电话:010-84083683
版权所有 侵权必究

前　言

　　银行关联和政治关联是影响企业信贷融资的重要非正式制度因素。在市场经济体系不够健全，制度和法律不够完善的环境中，银行关联和政治关联在银行和企业之间信贷过程的影响获得体现。在信贷过程中，银行将目标从单纯追求经济利益的最大化逐渐转化为经济和战略布局的全面发展，银行关联和政治关联等社会关系网络的影响越发重要。对企业而言，银企之间的信息不对称程度和财产权的保护水平是企业能否获得银行贷款的决定性因素，而银行关联和政治关联能够支持以上两个方面。

　　已有的研究在对银行关联和政治关联的探讨中主要具有三个方面的问题：第一，大多数研究在分析非正式制度因素影响信贷融资的过程时只单独关注政治关联或银行关联，如在未控制银行关联的时候分析银行关联的影响，研究结果可能存在内生性问题；第二，研究中选择的被解释变量比较分散，对于银行关联或政治关联影响具体的被解释变量的分析并不深入，如对于银行关联和不同的层级政治关联影响企业债务期限结构的研究不够全面、系统；第三，对于银行关联和不同层级的政治关联影响企业债务期限结构的微观机制的探索性研究相对缺乏。基于现有文献中存在的缺口，本书着重对银行关联和不同层级的政治关联对企业债务期限结构产生的影响进行系统分析，主要基于三个不同的层级展开：层级一，银行关联和不同层级的政治关联对企业债务期限结构的影响，需要注意的是本部分内容同已有研究的差别在于将银行关联和政治关联同时作为两个重要的非正式制度因素纳入探讨，在讨论银行关联对企业债务期限结构的影响时控制政治关联，在讨论地方政治关联对企业债务期限结构的影响时控制银行关联和中央政治关联，在讨论中央政治关联的影响时控制银行关联和地方政治关联；层级二，在层级一的基础上分析企业的所有制情境效应和信贷市场竞争程度情境效应对银行关联和不同层级的政治关联影响企业债务期限结构所产生的调节作用，本书中采用按照两种不同的层级进行分样本对比的方式展开讨论，同时考虑对银行关联和政治关联的控制；层级三，在层级一和层级二的基础上讨论企业的高新技术属性对于银行关联和不同层次的政治关联影响企业债务期限结构所产生的调节作用，本书中高新技术属性的调节作用是基于高新技术属性的影响来分析企业的所有制情境和高新技术属性的共同调节效应、信贷市场竞争程度情境效应和高新技术属性的共同调节效应。

  按照以上三个层级，本书主要包含以下内容：研究背景的介绍，基于金融市场的发展和信贷市场存在的问题进行实践背景分析，基于信贷配给理论的发展进行理论背景分析；文献梳理与评述，对信贷配给理论、非正式机制在企业融资中的重要性、银行和政府对企业外部融资的支持、政治关联和银行关联的维度和内涵、政治关联对企业信贷融资的影响、银行关联对企业信贷融资的影响、所有制性质对银行关联和政治关联影响企业信贷的调节作用、金融发展对银行关联和政治关联影响企业信贷的调节作用、高新技术企业的融资特点九个方面的文献进行梳理评论；研究范围的界定和研究框架，界定研究中涉及的主要解释变量和被解释变量并确定研究的框架；银行关联、不同层级的政治关联对企业债务期限结构的计量建模分析，所有制情境的调节作用以及基于此的高新技术属性的调节作用的计量建模分析；信贷市场竞争情境的调节作用以及基于此的高新技术属性的调节作用的计量建模分析。

基于以上内容的分析，我们发现：在同时将银行关联和政治关联作为两个重要的非正式制度因素的基础上，企业的银行关联和地方政治关联能够帮助企业获得更多的长期借款，进而增加企业的债务期限结构，企业中央政治关联能够发挥政策效应带来企业债务期限结构的降低。在所有制情境中，银行关联和地方政治关联对债务期限结构的影响在民营企业中表现更强，中央政治关联对企业债务期限结构的影响则在国有企业中更能获得体现。在信贷市场竞争情境下，银行关联和中央政治关联对企业债务期限结构的影响主要体现在信贷市场竞争程度低的地区，地方政治关联对企业债务期限结构的影响则主要体现在信贷市场竞争程度高的地区。企业高新技术属性的调节作用，基于所有制情境分析，在民营企业中，它能够正向调节地方政治关联对企业债务期限结构的影响；基于信贷市场竞争情境的分析，在信贷市场竞争程度高的地区，它能够负向调节银行关联对于企业债务期限结构的影响。

本书存在的缺点和错误，敬请广大读者批评指正！

目　录

第一章　绪论 …………………………………………（1）
　第一节　研究背景 ……………………………………（1）
　　一　实践背景：我国金融体系的发展 ………………（2）
　　二　实践背景：信贷市场结构的变化 ………………（5）
　　三　研究的理论背景 …………………………………（14）
　第二节　研究问题和意义 ……………………………（17）
　　一　研究问题 …………………………………………（17）
　　二　理论意义 …………………………………………（19）
　　三　研究的实践意义 …………………………………（20）
　第三节　研究方法和研究思路 ………………………（22）
　　一　研究方法 …………………………………………（22）
　　二　研究思路 …………………………………………（23）

第二章　银行关联和政治关联对企业信贷融资影响的
　　　　文献综述 ……………………………………（31）
　第一节　信贷配给理论的演化 ………………………（31）

一　信贷配给的内容 …………………………………… (31)
　　二　信贷配给现象的出现 ……………………………… (31)
　　三　对信贷配给现象的认知 …………………………… (32)
　　四　信贷配给理论的构建过程 ………………………… (34)
　　五　关系型信贷配给关系银行的理论 ………………… (38)
第二节　企业融资需要非正式机制 ……………………………… (39)
　　一　转型经济不利于企业外部融资 …………………… (39)
　　二　非正式机制利于企业外部融资 …………………… (40)
第三节　政府和银行对企业融资的重要性 ……………………… (42)
　　一　政府的扶持之手 …………………………………… (42)
　　二　银行是企业的主要资金来源 ……………………… (45)
第四节　银行关联、政治关联的维度和内涵 …………………… (48)
　　一　银行关联的维度和内涵 …………………………… (48)
　　二　政治关联的维度和内涵 …………………………… (52)
第五节　银行关联、政治关联的影响 …………………………… (54)
　　一　银行关联的影响 …………………………………… (54)
　　二　政治关联的影响 …………………………………… (56)
第六节　企业所有权性质的调节作用 …………………………… (62)
　　一　企业所有权性质对银行关联的调节 ……………… (62)
　　二　企业所有权性质对政治关联的调节 ……………… (63)
第七节　金融发展的调节作用 …………………………………… (64)
　　一　金融发展对银行关联的调节 ……………………… (64)
　　二　金融发展对政治关联的调节 ……………………… (64)
第八节　企业债务期限结构的影响因素分析 …………………… (65)
第九节　高新技术企业融资特点的相关研究 …………………… (68)

第十节　文献总结 …………………………………………（72）

第三章　银行关联和政治关联的界定、研究框架和
　　　　假设推演 ……………………………………………（77）
　　第一节　所有制情境和信贷市场竞争程度情境的
　　　　　　界定 ……………………………………………（77）
　　第二节　研究范围的界定和研究框架 ………………（81）
　　　　一　研究范围和主要变量的界定 ………………（81）
　　　　二　企业的高新技术属性作为调节变量 ………（83）
　　　　三　研究框架 ……………………………………（86）
　　第三节　银行关联、政治关联对企业债务期限结构的
　　　　　　影响 ……………………………………………（88）
　　第四节　企业所有制的情境效应 ………………………（99）
　　第五节　信贷市场竞争程度的情境效应 ……………（107）
　　第六节　高新技术属性在所有制情境、信贷市场竞争
　　　　　　程度情境下的调节作用 ……………………（112）

第四章　企业所有制性质的调节作用 ……………………（122）
　　第一节　数据与描述性统计分析 ……………………（122）
　　　　一　数据的来源与筛选 …………………………（122）
　　　　二　主要变量的描述性统计分析 ………………（127）
　　　　三　所有制情境下的银行关联、政治关联和高新技术
　　　　　　属性特征分析 ………………………………（131）
　　第二节　模型构建和实证检验 ………………………（133）
　　　　一　计量模型的构建 ……………………………（133）

二　实证结果的分析 ……………………………………（135）
　第三节　稳健性检验 ……………………………………（146）
　　一　多重共线性检验 ……………………………………（147）
　　二　采用管理层的银行关联和政治关联数据 ………（147）
　　三　变量的内生性检验 …………………………………（153）
　第四节　本章小结 ………………………………………（154）

第五章　信贷市场竞争程度的调节作用 ………………（156）
　第一节　数据的描述性统计分析 ………………………（156）
　　一　数据的来源与预处理 ………………………………（156）
　　二　不同信贷市场竞争程度地区企业的政治关联、
　　　　银行关联和高新技术属性分析 ……………………（158）
　第二节　信贷市场竞争情境下的银行关联、政治关联的
　　　　　影响和高新技术属性的调节 ……………………（161）
　　一　模型的构建 …………………………………………（161）
　　二　实证结果分析 ………………………………………（162）
　　三　多重共线性分析和采用管理层银行关联、政治
　　　　关联的稳健性检验 …………………………………（170）
　　四　变量内生性的稳健性检验 …………………………（175）
　第三节　本章小结 ………………………………………（176）

第六章　结论与讨论 ……………………………………（177）
　第一节　研究的结论与讨论 ……………………………（177）
　第二节　理论贡献与管理应用 …………………………（183）
　　一　理论贡献 ……………………………………………（183）

二　管理应用 …………………………………………（186）
　第三节　研究不足和研究展望 ………………………（188）

参考文献 ………………………………………………（191）

后记 ……………………………………………………（199）

第一章 绪论

第一节 研究背景

政治关联和银行关联是作为非正式制度因素被引入到外部融资影响因素的探讨中来的。从该角度进行思考是源于新兴经济体国家市场经济的发展繁荣，众所周知，这些国家中政府的力量在资源控制和经济的宏观调控中发挥着至关重要的作用，在一些重要的资源中甚至起着决定性的作用，因此，新兴经济体国家中竞争不充分，同时又由于市场经济的发展经历的时间尚未长久，新兴经济体国家的相关制度体制和法律体系不够健全，无法为企业提供一个良好有序的外部融资环境。虽面临如此局面，但新兴经济体国家的经济增长仍非常迅速，显然不健全的制度体系和不完善的市场竞争并未如预想的那样成为企业获取外部融资的桎梏，疏解矛盾的思考方向转为非制度因素。如在中国，由人与人之间的"关系"所形成的信誉机制和相互信任一直是重要的资源，在商业往来中发挥着隐形合同的作用

(Faccio，2006）。政府、企业、银行作为新兴经济体国家信贷过程的主要参与者和利益相关者，其相互之间的社会关系对信贷过程的影响的探讨成为揭开新兴经济体国家企业外部融资之谜的新方向，它被视为一种制度的替代机制赋予企业的外部融资市场新的活力。

银行关联和政治关联的引入是基于市场机制和制度环境对企业外部融资环境的调节和规范作用有限，而我国虽然一直在努力推进市场化的进程，但我国的信贷市场的市场制度体系还不完善，市场竞争机制对信贷配置的调节不充分。我国金融体系的发展过程和信贷市场的现状为银行关联和政治关联对信贷资源配置影响过程的探讨提供了合适的实践背景。

一 实践背景：我国金融体系的发展

20世纪80年代，我国已经开始了改革开放的进程，各个行业和部门的市场化改革开始大张旗鼓地展开，建立社会主义市场经济体系需要一个市场化的金融体系，在这个体系中必须包含真正意义上的市场化金融机构，形成健全而有效的金融体系是不断推进市场化进程稳定有序迈进的必要环节。金融中介机构是市场中的融资配置等金融活动的直接行为主体，金融中介机构种类的丰富和发展，数量的增加对推动金融市场的健全和发展，促进金融体制的改革具有强有力的作用。在金融和信贷体系方面，由于我国采取的是计划经济体制，其金融产品和服务归国家控制，转轨经济中的国家在转轨之前一般只具有初步的金融体系。随着转轨国家金融体系的进一步自由化和制度化，转轨国家可以从中获得诸多益处，如改善融资和风险管理现状，增强投资者对于所投企业的监督和管理，以及更容易获得外国投资等。对于中国在转轨经济时期的金融体系和信贷市场的完善和发展情况需要根据我国的具体现状作出相应概括。循着我国经济改革的步伐，国家的经济体制改革从计划经济时代的由国家作为大家长拥有和配置一切资源的局面不断放松为经济主体把握自主决策权利的竞争性市场格局。为了适应我国竞争性市场的发展要求，更好地满足不同市场主体在金融服务方面的需求，金融中介机构的发展格局发生了革新式的调整。

（一）金融中介机构的类型得以丰富

计划经济时代的资金调控是由政府指定的，它是按照国家的计划进行的，作为金融活动直接行为主体的金融中介机构并没有需要进行独立决策的金融行为。国有银行是计划经济体制下的唯一金融中介，并且其所有权和经营权统一归属于国家，主要进行吸收储蓄和提供信贷的金融活动，基于计划经济的特点，国有银行的信贷活动是国家资金配置计划的执行，并不具有由市场竞争形成的信贷行为。由于此时的企业和金融组织都是在国家的管控之下并不具有自主经营和独立决策的权利，因此真正意义上的金融市场不存在，金融体系的发展受到了严重的抑制。

经过不断的改革和推进，我国的金融中介种类获得了丰富，由单一的国有银行扩充为了一个主次分明、分工明确的较为完整的金融中介体系。首先，中国人民银行作为我国的中央银行，在整个金融机构体系中处于核心地位，发挥着宏观货币政策的制定和货币的印刷、发行等一系列致力于总体货币市场稳定、安全的基础性职能（白钦先等，2007）。其次，金融中介机构中出现了非银行金融机构，银行机构也由于市场作用的不同而被详细地区分为商业银行和政策性银行，但商业银行仍然是我国金融中介体系的主要组成部分。

（二）金融中介的市场化体制改革

计划经济体制中的银行执行国家的信贷指令和行政命令进行资金的供给活动，银行的地位是完全被动的执行者，不需要具备任何市场分析能力和资金管理知识，长期的被动执行使银行的行为变得机械化，甚至不具备任何在金融市场中生存的能力，银行的经营处于无激励机制的散漫状态。

不同于计划经济时代的被管制情况，现阶段金融中介机构的发展越来越符合现代市场化经济发展的要求，商业银行的产权性质不再是单一的国有银行，许多股份制银行在市场经济的有利环境下蓬勃发展，即使是所有权属于国家的商业银行也是基于以产权清晰、权责明确、政企分开、管理科学为条件的现代企业制度进行盈亏自负的自主经营。

（三）非银行金融机构和政策性银行获得发展

我国的经济体制不断向市场化推进，但归根结底我国的经济体制是脱胎于计划经济体制的，在转化的过程中不可能一步实现市场经济，即便是市场经济，由于市场是不完全竞争的，社会资源的配置也不能够实现帕累托有效配置。针对我国经济改革的特殊阶段，必然会出现不同产业的发展情况不统一，造成产业结构发展不平衡，一旦产业结构的发展不符合我国的禀赋优势,或者是与我国的政策导向相违背,国家的干预是改善这种情况的唯一有效机制,政策性银行是国家实现这种经济干预的有效途径。政策性银行是不以营利为目的,为配合国家的特定经济政策而设立的从事融资和信用活动的银行(庄俊鸿,2001)。我国现有的政策性银行是国家开发银行、中国农业发展银行和中国进出口银行三家,均为国务院直属单位,为维持金融市场的全面均衡发展贡献力量。

市场化的发展需要在不同行业全面推进,单纯建立现代的企业制度无法形成健全的市场竞争体系,营造种类多样、层次分明的金融市场环境是企业通过竞争机制实现资金流动需求的基本条件,非银行类金融机构如证券公司、保险公司和信托机构的存在补充了银行类金融中介所没有的功能。

虽然我国的政策性银行和非银行类金融中介已经获得了部分发展,但尚未实现运营体制完善、管理机制健全的目标。计划经济体制遗留的政府管制问题干预了金融活动的自由发展,不利于国家经济体制的市场化改革,严重制约着我国经济与金融全球化的发展。金融中介体系发展的多样性是我国政策推动和市场自然进化的必然结果和内在要求,是竞争机制在资源配置中的作用不断增强的直观体现。

二 实践背景:信贷市场结构的变化

在我国由于新中国成立以来最初实行的是计划经济体制,商业银行在业务经营以及业务发展方面体现出一些特殊特点。"计划经济条件下的银行只是作为国家财政的出纳机构存在,只承担微不足道的资源配置功能"（吴敬琏，1999），我国的银行在计划经济时代的所有制性质为国有，所承担的职能也只不过是在国家有计划地配置资源时的辅助性工具，仅仅是配置的途径由"拨"改为"贷"，实际的配置模式并未产生转变。直至1978年国家开始实施改革开放战略之后，信贷市场中可以提供贷款的金融机构的数量增加，伴随着改革开放的不断推进，经济水平逐渐提高，这些金融机构的资金存量大幅度增长，同时需要获得融资支持的企业数量也不断增加，中国信贷市场在供需双方力量的共同推动下开始成为社会的主要融资渠道。银行的改革也逐渐开始，对于信贷市场制度和规范的完善，以及商业银行职能的发挥等问题也开始获得关注。并于1993年明确指出国家的银行体系应建立为以国有银行为主体、多种金融机构并存、政策性金融与商业性金融分离的金融组织体系，以及建立统一、开放、有序竞争和严格管理的金融市场体系（文远华，2005）。在该项政策的指导下，商业银行和中央银行的相关法律相继出台，中央银行对商业银行的调控手段逐步松弛化和市场化，商业银行的自主性逐步得到体现，至此信贷市场向市场化迈进的过程正式拉开了序幕。当今的中国处于市场经济不断向前发展的转型时期，国家对宏观政策环境做出相应的调整来为市场化建设的进行营造制度健全、规章完善的环境，并不断推进各项经济主体的改革，加快产业结构的转变，使我国尽早脱离原有的经济体制所造成的经济发展诟病，向完善、稳定、健康发展的市场经济社会迈进。信贷市场是金融体系中的重要部分，信贷机构通过向企业进行信贷活动而获得利润，企业在信贷市场中获得投资所需要的资金。信贷市场的发达情况是金融体系发展成熟的重要标志，竞争机制完善的信贷市场对推进金融市场化的步伐和我国市场化进程都具有深远的意义。我国信贷市场的重要转变体现在信贷市场主体的多样化、银行体制的改革和信贷实现过程的转变三个方面。

（一）信贷市场主体的多样化

基于既定的信贷机构的产权安排，增加信贷市场中提供信贷服务的金融组织的数量可以更好地发挥竞争机制在信贷活动中的作用，进而有效地改善金融市场的资产配置效率。信贷市场由资金的供应者、资金的需求者和相应的供需实现机制共同构成。信贷市场中资金的主要提供者是商业银行，信托机构、保险公司、抵押贷款机构等混业经营的非银行类金融组织是信贷资金的第二类主要来源。信贷市场的需求者包括一切具有融资需求的个人、企业和金融机构。信贷市场中的资金提供者几乎包含了除中央银行之外其他所有的金融中介组织。中国人民银行作为我国的中央银行虽然不直接参与信贷市场的经济活动，但在金融政策的宏观调控和金融机构稳定经营上发挥着重要的作用，通过银行准备金率、贴现率等金融工具来实现对信贷市场规模和结构的调控。

无规矩不成方圆，尤其是在信贷市场上，信贷活动本身就具有不确定性和风险，严重的信贷风险的迸发会对金融市场造成巨大的冲击，甚至导致整个经济体系的动荡。金融监管机构承担着维持信贷市场的金融秩序，保护信贷市场中参与者的合法权益，控制金融风险的出现，保证金融市场稳定的重要职能，是信贷市场正常运转的必要组成部分。

（二）国有商业银行加快改革步伐，股份制银行不断发展

我国银行体制的改革是一个由整化零的过程，从集权走向分权，从单一变为多样。在计划经济时代的银行不需要承担不同的金融服务职能，缺乏发展的动力，银行体制的改革是在市场经济建设的驱动之下启动的。为了给不同的产业提供专门的金融支持，在改革开放初期，我国开始成立专业银行，也就是现在银行体系中的四大银行的前身，分别为中国农业银行、中国建设银行、中国银行和中国工商银行。在创建初期，专业化银行的职能在专业性方面具有很强的体现，如中国农业银行主要承担向农村提供信贷服务的职能。并且专业性银行归国家所有，其经营权也主要受国家掌控，难免需要承担国家的许多政策性安排，严重制约了银行的金融活动的进行。随着国有企业改革的进行，专业化银行的改革也同步进行，为了适应市场竞争的需求，国家对专业化银行进行了企业化改革，对银行采取企业化经营管理方式，推进银行管理机制的形成，实现了银行在一定制度约束和政策监督下的自主经营。但是由于银行在金融体系中是储蓄的主要吸收机构，具有数额巨大的货币资源，在提供融资支持方面具有不可替代的作用，因此银行改制不能消除其政策性负担。为了剥离部分四大银行所承担的政策性贷款，国家另外设立了三家政策性银行：中国农业发展银行，主要负责支持农业发展的资金的筹备和提供；中国进出口银行，在国家政策的指导下有针对性地对某些产业和国家进行金融支持；国家开发银行，贯彻和支持国家的宏观经济政策，在基础

设施建设等方面提供主要的融资来源支持，经国务院批准，国家开发银行于2008年正式改组为股份制企业，至此公司化管理机制已获得巨大发展，但国家开发银行继续保持原有的业务，仍然承担在政策性贷款方面的责任，并将于2015年继续进行贷款支持我国的重点工程项目。至此，国有四大银行已经开始卸下大部分政策包袱向商业化银行转变，但是由于以往的政策性贷款所形成的银行坏账已成为银行发展的永久负担，严重阻碍了四大国有银行商业化改革的进程。

股份制银行是基于现代企业制度进行运营管理的自负盈亏、自主经营的企业式银行，在我国，最早的股份制银行是成立于1986年的交通银行，最先实现上市交易的银行是深圳发展银行。我国的股份制银行经过多年的发展已颇具规模，成为了我国金融体系中的重要组织部分。与国有大型银行相比，股份制银行的资产规模较小，管理体系相对灵活，发展的速度也更加快。股份银行的出现和繁荣颠覆了原有的相对保守的金融体系，促进了我国金融体系的开放和竞争机制的形成，是我国金融体系市场化改革的重要推动力量。

经济全球化的趋势不断成为世界经济发展的方向，外资银行的进入成为我国银行体系发展的又一突破，意味着我国银行必将开展全球化业务、参与国际竞争的现实。外资银行的进入也是我国金融体系发展逐步走向成熟的标志，但是在金融制度的确立和金融管制方面仍需继续发展。

除此之外，其他的银行类型还有地方政府支持的城市商业银行、储蓄银行（如中国邮政银行）、信用社（如农村合作信用社）等。银行作为信贷市场主要的资金供给者，其多样化发展对于满足不同经济主体对信贷资金的需求十分必要，由于不同的需求者所拥有的资源禀赋存在差异，能够承担的信贷成本也有所不同，类型多样的银行更有可能为信贷需求者提供符合其自身发展水平的信贷实现过程，改进信贷资源的配置。信贷资源配置改进的过程实际上是我国的信贷实现方式逐步由国家管控化向利率市场化调节变迁的过程。

（三）市场竞争机制在信贷配置中的地位增强

中国的银行和企业特殊的产权形式一直是信贷市场自由化的天然阻碍。国有企业和国有银行的体制改革的进行使这种信贷活动扭曲的状态有所动摇，金融市场化的不断推进和金融机构的丰富发展，尤其是股份制银行和其他非银行信贷机构的进入成为信贷市场的新生力量，加剧了信贷市场的竞争。然而，局限于总体经济环境的发展和外部的制度及法律条件，我国的利率水平依然受限于国家宏观经济政策的调控，利率作为货币供求关系的反映依旧不能实现，信贷市场的配置过程也是在我国政府的政策干预和市场力量的共同作用下实现的。

我国信贷市场的配置并没有从国家直接安排转变为依靠市场的竞争机制进行调配，只是对原来的国家一手操办的垄断情况有所改善，许多民间金融组织克服巨大的压力在金融市场中得以生存并获得一席之地是因为它们的存在可以满足部分经济主体的信贷需求，而且这些需求不可能依靠国家的宏观经济政策扶持完成。信贷市场在我国是分裂的，分裂不是指信贷配给出现的分化现象，而是从信贷活动的实现方式来划分，国有企业更多地依赖政策安排，其他经济主体更倾向于借助市场机制和声誉机制来满足信贷需求。国有企业的融资有时得益于其在经济增长和政绩目标中的巨大贡献，回首我国的经济发展历程，国有企业与政府之间一直有渊源，企业所在地的政府将扶持和支撑国有企业的发展视为己任，顺其自然地偏向于为其提供融资支持。民营企业特别是中小企业不具有这些先天优势，直接降低了其在信贷市场中的竞争力，为了获得贷款民营企业不得不向贷款提供者提供更好的价格和更多的抵押物品，选择具有可观收益的投资项目。即使企业有能力耗费更多的贷款成本来为一个看起来还不错的投资项目申请贷款也有可能不能获得满足，声誉机制在信贷活动中的力量逐渐增强，尤其是政治关联和银行关联两种非正式制度对于信贷资源的配置产生了举足轻重的影响。

（四）我国信贷市场的分化现象严重

由于我国在经济发展中的政策性和历史性的问题，我国信贷市场的运行和发展都是有失均衡的。第一，我国信贷市场中商业银行的资金来源主要方式是存款，并且国有商业银行是我国商业银行体系的核心，这是我国信贷市场的重要特点。另外，我国信贷市场的制度建构和监督机制尚不成熟，致使我国的信贷配给现象突出，信贷资金的配置出现了明显的分化现象。

我国存在的信贷配给现象主要呈现出以下特点。第一，信贷融资在国有企业和民营企业之间的分化。这种基于企业所有制结构而形成的分化存在的原因是，长期的金融体系和经济体制的改革虽然削弱了国家的财政直接支配能力，但是国家和国有企业的隐形契约关系在改革中并未完全消除（王江，2002）。我国的商业银行体系是以国有商业银行为核心的，基于国有的特质，以及对于民营企业特别是一些中小企业的信息获得障碍以及监督过程难以实施，最终导致商业在信贷过程中，更倾向于对国有企业提供信贷资金。从银行的角度，银行在信贷的过程中并不是追求利益最大化，而是追求效用最大化（马宏，2007）。银行试图在利益和政治关系之间实现某种平衡，出于对政治关系的追求，银行会发放政治性贷款，扩大国有企业与民营企业之间的信贷配给，但随着市场化改革的深化，对利润水平的需求会对政治性贷款的数量产生制约，但依旧存在信贷资金在国有企业和民营企业之间的信贷配给问题。第二，区域之间的信贷配给。不同区域的经济发展水平存在差异致使信贷市场的分化明显，比如东部沿海地区与中西部经济较为落后地区的差异，以及城市地区与农村地区之间的差异。从信贷市场的宏观层面分析，不论是农村地区还是经济发展相对落后的中西部地区，其投资回报率普遍较低，因此二者均遭受信贷配给问题，同时由于商业银行的资金来源主要是吸收存款，这些地区的存款也以信贷资金的形式源源不断地流向经济较发达的城市或地区（文远华，2005）。

（五）制度环境影响信贷市场

我国的银行在改革中逐步实现商业化经营，在资源配置上发挥了一定的作用，通过以上对我国信贷市场特点的分析，不难看出在信贷资源配置问题上我们还需要克服许多问题，由于处于经济转型的大背景之下，商业银行的经营发展还行走在迈向市场化的漫漫长路上。为了使信贷体系的市场化进程稳定有序地进行，需要制度因素在信贷体系的内部和外部、微观和宏观层面全面深入。具体而言，我国已经进行的国有银行产权改革只能在银行内部发生激励作用，难以实现对于金融资源配置效率的改善。在金融产权结构基本确定的情况下，金融配置效率取决于金融市场化程度、金融市场中银行等金融机构的数量以及它们之间的市场竞争活动（张杰，2001）。诸如此类，规范的制度是维护良好的金融市场竞争秩序，完善金融市场竞争结构的重要保证。基于银行体系的内部产权结构调整，配合相应制度体系的构建，形成了信贷市场中内部结构和外部制度的良性互动，为提高金融配置效率创建了必要的宏观条件。

由于金融体系的完善程度不同，金融中介功能的发挥在发达的金融体系和欠发达的金融体系之间也存在差异，在发展中国家，多数的新融资来自金融中介，银行作为主要的金融中介，其信贷融资在欠发达金融体系中成为企业获得融资的重要来源。伴随着不同经济体制的不同金融体系完善程度的变化，信贷配给的过程也在发生着改变。我国的经济体制经历了计划经济体制阶段，现在又正在经历经济体制改革，将市场经济体系的运转方式有选择地逐步地引入原有的经济体制中，我们称现阶段为经济改革时期或经济转型时期。信贷配给的演变过程便是从计划经济体制下向市场经济体制下进行。在计划经济时代，资源配置是按计划进行的，贷款也不例外，银行作为国家贷款计划配置的执行者，市场利率不能反映借贷双方的市场供求情况，计划经济体制下的信贷配给并非是按照"信贷供给小于需求，但是市场无法出清"的市场机制进行的（文远华，2005）。市场经济体制中的信贷配给是以往研究中所指的一般意义上的信贷配给，按照完善的市场机制，信贷市场可以通过借贷双方的供给量和需求量所决定的市场均衡利率而出清。但在实际中，会发生能够提供高利率的借款方不能得到信贷资金或只得到部分需要的信贷资金的情况，这是银行综合考虑各种因素所做的独立决策的结果。信贷配给的理论探讨部分已经对银行选择信贷配给的深层次原因进行了详细论述。我国现在所经历的经济转型时期是金融体系不断完善的过程，信贷配给的发生能够按照已有的基于发达国家的市场环境所获得的研究结果而做出部分解释，也需要考虑由于原有的计划经济体系尚未根源性改变，我国的大部分银行和部分企业的国有性质仍然会在信贷配给的过程中产生影响，金融体系不完善、市场体制不健全、政府干预程度大等因素是我国现阶段信贷配给的产生原因，其具有特殊的复杂性。

三 研究的理论背景

本书探讨的研究范畴属于信贷资源的配置，在该研究体系内的主要理论体系是信贷配给理论。信贷配给是信贷资源配置中不可避免的现象，如今对于信贷配给的理论分析不断深化，其探索的方向也从对制度体系的构建和银行经济行为的分析向银行和企业之间、企业和企业之间的各种联系转变。

我国的信贷配给产生原因具有不同于已有信贷配给理论的特殊性，主要可以归纳为两个方面：企业的自身特征、公司治理和外部的制度环境、市场管制。

第一方面，企业的自身特征、公司治理。信贷配给不同于信贷歧视，企业是否受到信贷配给，需要同时考察企业是否需要银行贷款的自主决策和其贷款的可得性两方面信息（苟琴等，2014）。受到信贷配给的企业是愿意支付当前的贷款利率甚至是更高的利率但是其贷款需求仍然无法实现满足的企业（Stiglitz & Weiss，1981）。一般研究主要考察的影响因素与企业信贷可得性的联系相关联，严格地讲，相应的结论只能够说明银行在提供贷款时存在信贷歧视，没有考虑企业是否存在贷款需求或是其贷款需求的满足程度，那么也可以认为这种信贷歧视的存在与否与企业有无贷款无关，因此受到信贷歧视的企业更有可能遭受到信贷配给。因此，单纯考察信贷歧视的产生原因的研究也可以为信贷配给产生机理的分析提供参考。苟琴等（2014）基于对我国中小企业的融资需求和贷款可得性研究认为许多企业需要银行贷款但是却选择了主动放弃申请银行贷款，形成了自我选择信贷配给现象，并认为银行贷款的申请程序过于复杂，期望获得的可能性不高以及要求的抵押条件难以满足是其做出选择的主要原因。企业的成长性、盈利性、自由现金流和所有权结构都是影响企业信贷融资结果的重要因素（肖作平，2005；Barclay & Smith，1995）。在发展中国家或是经济转型的国家，由于政府掌握着大量的社会资源（比如中国的大银行的国有产权性质，即使是改组后的企业和银行也脱胎于国有组织），因此在这些国家具有不同的所有制结构会对信贷资金的可获得性产生影响，在我国民营企业在获得银行的贷款资金投放时是否面临着所有制造成的信贷歧视一度成为学者关注和探讨的重点。所有制结构作为企业的一种属性也是独立于企业财务指标之外的对信贷获得产生影响的一个热点因素。在我国，由于银行和企业产权安排的特殊性，银行贷款更多地流向国有企业（Allen et al.，2005；Cull & Xu，2005），结合上市公司获得贷款的期限结构等数据进行分析，国有上市公司能够获得更多的长期银行贷款，与国有企业因承担更多的政策性负担而具有的预算软约束特点紧密相关（江伟和李斌，2006；孙铮等，2005）。然而企业的产权性质会对信贷资金的配置产生影响是与外部的金融市场环境不完善和制度体制不健全分不开的，因此企业的内部因素与外部市场因素的交互作用是造成我国信贷市场发展现状的症结所在。法律、市场化进程、税收机制以及政治关联和银行关联两类可以归结为声誉机制的非正式制度的作用，相继被国内外研究者在改革经济背景之下予以证实（陈键，2008；孙铮等，2005）。其中对政治关联与银行关联的研究主要集中于企业管理层中是否包含曾经或现在在政府或银行任职的成员，以及这种联系的存在对贷款决策的影响（李健和陈传明，2013）。

第二方面，外部的制度环境、市场管制。在信贷资源配置的过程中，信贷配给的产生源于信贷市场中存在的由于信息不对称引起的道德风险和逆向选择问题，以及资金提供方难以对资金获得企业进行实时有效的监督。根据经济学中的相关研究以及在发达国家的信贷市场经验，这些问题无法根本消除，但是通过制度的手段进行干涉，至少能够使信贷资源配置的过程更加接近市场化配置，即通过信贷提供机构的竞争实现相应的信贷市场结构和信贷配置方式，争取最大限度地阻止我国长期的计划经济进程中所遗留下来的前国有机构不自主的亲近问题。因此主要的制度安排涉及在信贷资源配置之前的银行行为的监督以及对获得信贷资金的企业在使用过程中的行为的监督。对银行的监督，不仅是要规范银行的行为，同时也是为了避免银行承担政策性的投资倾向，使不同企业的信贷可得性得到直接的体现，真正实现银行和政府之间的激励相容（陈雨露和马勇，2007），从而提升信贷配置效率；对获贷企业行为的监督是期望对企业得到信贷资金之后的道德风险行为加以约束。

第二节 研究问题和意义

一 研究问题

通过对研究理论背景的分析，我们可以看出对于信贷配给现象的认识已经逐渐从基于理性人的假设对银行行为的分析向银行贷款收益的多目标化转变，并从银行和客户之间关系的角度分析了这种关系对于银行进行信贷资源配置的影响，将银行和企业之间借贷关系的实现投射到了社会中进行分析，考虑其社会网络关系对信贷过程的影响。社会关系对于银行信贷配置的影响必然存在，同银行具有密切联系的企业更有可能通过寻租等途径来提高其获得融资的可能性。在新兴经济体国家，由于国家在包括信贷在内的许多资源上占有统治地位，企业和银行之间的联系也被看作是作用信贷配置的非正式机制。现在所做的研究将企业与银行之间，企业与政府之间建立的关系对于信贷的影响研究分开进行分析，例如，分析常见的银行关联（bankers on board）和政治关联（political connection）对信贷融资的影响时，只单独考虑银行关联或政治关联，而没有进行相应的说明或控制。

然而，政治关联和银行关联作为影响信贷资源配置的重要的非正式制度因素，有必要一同纳入分析中。例如，企业为了寻求更多的银行贷款会想方设法地与目标银行的工作人员构建关系（relationship）或者是依靠同政府的联系从国有银行获得贷款。信贷融资状况的改善是这两种关联共同作用的结果，在完全忽视其中一种的情况下将另外一种作为解释变量来分析其对信贷融资情况的影响是不合理的，非常容易导致对结果的误判。因此，基于这种思路对非正式机制在企业信贷融资配置中的作用效果的探讨令人担忧。

非正式机制是指在制度欠缺、法制环境不完善和市场不发达的地区存在的对影响企业的融资可得性和金融资金配置的除制度、法制和市场机制之外的替代机制（Allen et al.，2005；McMillan，1995）。目前的文献中，政治关联和银行关联是两种重要的非正式机制，本书所关注的内容是个体层面的银行关联和个体层面的政治关联对企业信贷融资的影响，本书在已有研究的基础上致力于解决以下问题：（1）控制银行关联来分析政治关联或控制政治关联来分析银行关联时，银行关联和政治关联对信贷融资的影响与已有的研究结果是否存在差异？（2）考虑所有制情境即按照所有制性质将企业进行划分时，所有制情境不同会对银行关联和不同层级的政治关联带来的影响效果造成何种差异？（3）考虑信贷市场竞争情境时即按照企业所在地区的信贷市场竞争程度对企业进行划分时，信贷市场竞争情境不同会对银行关联和不同层级的政治关联带来的影响效果造成何种差异？（4）企业的高新技术属性在所有制情境或信贷市场竞争情境下如何调节银行关联和政治关联对企业信贷融资的影响？

二 理论意义

本书基于企业融资方面的研究，分析在不同情况下银行关联和政治关联的影响差异，本书的理论意义主要体现在以下三个方面：

第一，本书顺应信贷配给理论和企业融资研究的发展方向，从非正式制度的视角探索信贷资源配置改变的动因。将银行关联和政治关联结合在一起分析其在新兴经济体国家信贷资源配置过程中的影响，修正了之前将二者进行割裂分析的情况。在经济学的研究中都认可非正式机制对于信贷资源配置和企业获得外部融资的重要作用，大部分的实证研究都是在制度和法制不健全、市场机制不完善的新兴经济体中或是正在经历经济转型的国家中展开的。他们中一部分认为政治关联在这些国家的信贷配置中作为一种替代机制发挥作用，另一部分认为通过银行和企业的持股关系或其他形式实现的银行关联对信贷资源的配置产生影响。然后直接将政治关联或银行关联作为解释变量分析其在企业信贷融资中的影响。事实上企业将银行关联和政治关联同时作为改善信贷融资状况的重要非正式制度因素，因此，同时将二者纳入对企业信贷融资影响的分析中更贴近实际情况。

第二，选择企业债务期限结构作为被解释变量来反映企业信贷融资的情况，本书基于同时将银行关联和政治关联两种非正式因素纳入模型，来区分银行关联、不同层级的政治关联对其带来的影响。并基于父爱主义理论讨论企业所有制的情境效应，基于市场失灵理论讨论信贷市场竞争程度的情境效应，从而完善了已有的非正式制度因素对企业债务期限结构已有的研究内容，并修正了由于没有对银行关联或政治关联进行控制而造成的偏误的研究结论。另外，本书利用分样本的方式来分析企业的所有制情境和信贷市场竞争程度情境的影响，更具体和直观地展示了不同所有制情境和信贷市场竞争情境下对企业债务期限结构产生影响的解释变量的差异。

第三，本书基于高新技术企业在经济增长中的重要地位，引入高新技术企业属性作为调节变量，并基于高新技术企业属性在信息、产权保护、政绩支持和寻租能力四个方面的影响分析它对银行关联、政治关联对企业债务期限结构影响效果的改变，并结合企业的所有制情境效应和信贷市场竞争情境效应分析高新技术属性同它们共同产生的调节效果，进一步完善了对银行关联和不同层级的政治关联对信贷融资影响的微观机理的探索。

三 研究的实践意义

第一，使企业认识到银行关联和政治关联之间，地方政治关联和中央政治关联之间在影响债务期限结构上存在差异。银行关联和政治关联对于企业的信贷融资中债务期限结构的影响不尽相同，不同层次的政治关联所发挥的效果也并不一致，因此，企业为了实现改善信贷情况的目标，需要根据具体的需求选择不同的策略。本书基于银行关联和政治关联影响企业信贷融资的理论分析，采用同时考虑二者进行实证分析的方法，发现两个解释变量对于信贷融资的主效应的影响具有不同的体现。以该研究成果为基础，选择合适的策略，能够为企业降低建立关联和通过关联实现寻租的成本。

第二，通过将企业具体划分为不同的类型，进一步细化银行关联和政治关联对企业信贷融资的影响差异，为企业通过寻求非正式制度资源来获得信贷资金的策略安排提供参考。借鉴以往的研究，考虑所有制情境将企业按照不同的所有权性质划分为国营企业和民营企业，发现银行关联和政治关联对信贷融资的影响并非只在民营企业的研究中显著，在国有企业中也会产生影响，但是影响机制存在差异。本书考虑信贷市场竞争情境根据企业所处地区的信贷市场的竞争程度的不同将企业进行划分，并发现银行关联和政治关联在这些企业中的影响效果存在不同的特点。

第三，基于经济增长理论将企业的高新技术属性纳入研究中，结合高新技术属性为企业带来的资源和寻租能力上的差异，对企业的高新技术属性在信贷资源配置中的作用进行分析，从而为政府制定相应的制度提供支撑。高新技术企业认定管理是作为一项促进企业进行技术创新的政策提出的，其目的是通过技术进步加速经济增长方式的转变。将高新技术属性和企业的融资过程进行结合，并探讨非正式制度因素对企业融资的影响过程，能够进一步剖解以上因素在社会资源配置中的作用，为政府制度的制定和实施提供建议。

第三节　研究方法和研究思路

一　研究方法

本书综合定性和定量的研究方法，主要通过对相关文献的整理归纳，总结以往研究的特点和不足进而提出研究问题，基于所收集的数据进行分析来进行理论的发展。具体的研究方法为：

第一，文献研究法和理论分析法。由一篇余明贵（2008）的研究文献引发研究兴趣，开始以"滚雪球"的方式阅读其参考文献和引证文献，并进一步引申对这些文献的参考或引证文献继续阅读，利用谷歌学术等研究搜索工具，借助各种期刊数据库获得丰富的期刊全文资源，并以严谨认真的学术态度阅读相关文献，将文献按照研究的对象、情境和结论进行梳理分类，从信贷配给理论的发展和企业融资影响因素研究两个视角说明银行关联和政治关联等非正式机制对信贷融资的影响研究的必要性和重要性，并总结出银行关联和政治关联的内涵、重要性，并对银行关联和政治关联对信贷融资影响的研究进行了总结，提取出了其作用机制和作用微观机理的特点。文献梳理的关键启发在于本书基于企业融资理论从不同的方面揭示银行关联和政治关联对企业信贷融资的影响路径，提出银行关联和政治关联的研究需要全面考虑二者的存在，并依据文献中的调节变量将企业划分为不同类型来更加完善地考察两者在信贷资源配置中的影响差异。

第二，运用实证研究法对依据理论分析提出的假设进行检验过程的设计和实施。本书具体采用了基于二手数据的收集展开的计量模型分析，在理论分析的基础上建立计量回归模型，并采用 F 检验和豪斯曼检验选择最小二乘法、固定效应模型和随机效应模型进行对具体模型的回归分析。并对变量的描述统计量、不同变量的相关系数和模型的多重共线性进行了说明。本书采用的数据分析软件为 Stata 11.0。

二 研究思路

本书从新兴经济体的融资替代机制的探索切入，针对银行关联和政治关联的研究之间彼此相轻的情况，将二者结合起来分析其对企业信贷融资配置的影响。根据以往研究的内容和结论将企业依照不同的标准进行划分，分别进行具体的理论分析和实证研究。并考虑在改善企业信贷融资方面具有价值的企业的高新技术属性在银行关联和政治关联对企业的信贷融资配置影响中的调节作用。本书思路的展开如图 1-1 所示。

研究思路中各步骤的具体内容：

文献阅读分析阶段，主要研读以银行关联和政治关联作为解释变量，以信贷融资的债务期限结构和借款数量、信贷资金配置效率等内容作为被解释变量的研究，归纳现存研究的特点和研究方法，以及研究中所涉及的调节变量，并寻找以往研究中的不足，确定本书研究问题的切入点。

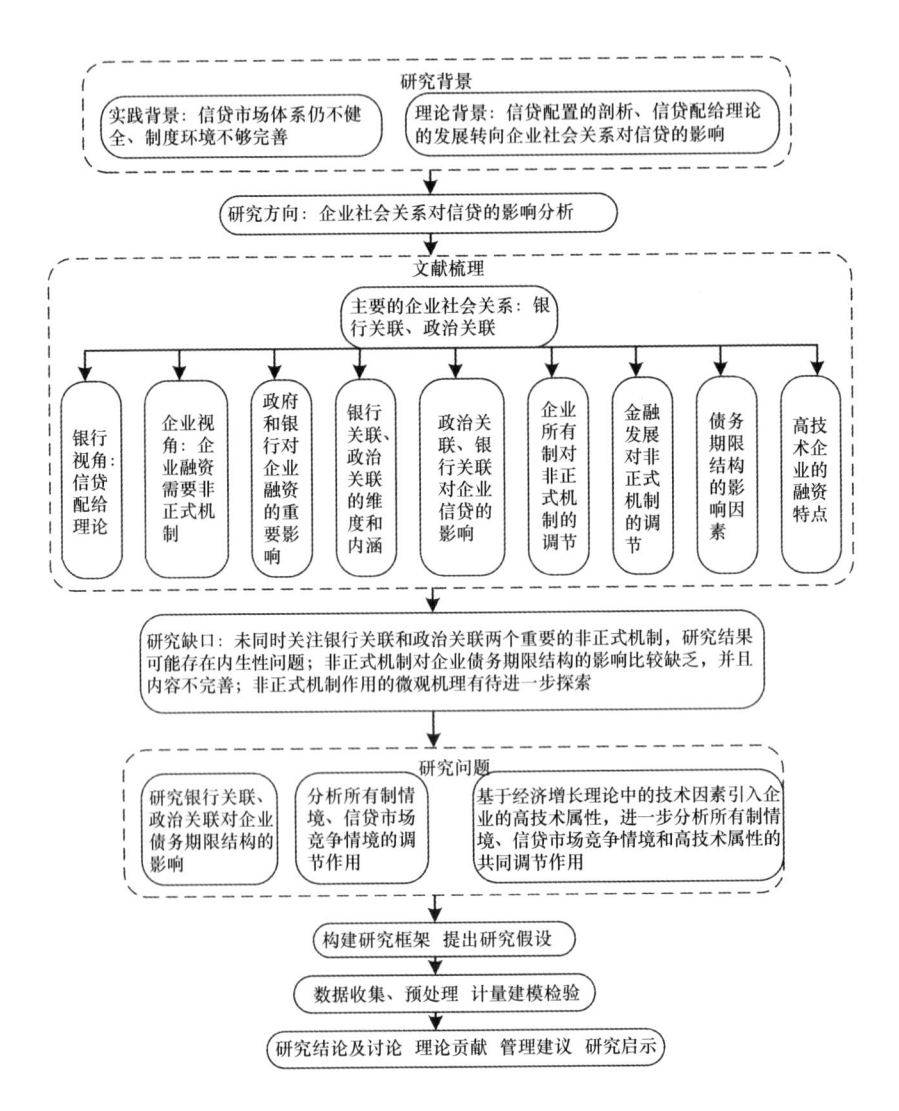

```
研究背景
┌──────────────────────┬──────────────────────────┐
│实践背景：信贷市场体系仍不健│理论背景：信贷配置的剖析、信贷配给理论│
│全、制度环境不够完善       │的发展转向企业社会关系对信贷的影响 │
└──────────────────────┴──────────────────────────┘
                    ↓
     研究方向：企业社会关系对信贷的影响分析
                    ↓
┌─────────────────── 文献梳理 ───────────────────┐
│        主要的企业社会关系：银行关联、政治关联        │
│  ┌──┬──┬──┬──┬──┬──┬──┬──┬──┐   │
│  │银行│企业│政府│银行│政治│企业│金融│债务│高技│   │
│  │视角│视角│和银│关联│关联│所有│发展│期限│术企│   │
│  │：信│：企│行对│、政│、银│制对│对非│结构│业的│   │
│  │贷配│业融│企业│治关│行关│非正│正式│的影│融资│   │
│  │给理│资需│融资│联的│联对│式机│机制│响因│特点│   │
│  │论 │要非│的重│维度│企业│制的│的调│素  │    │   │
│  │    │正式│要影│和内│信贷│调节│节  │    │    │   │
│  │    │机制│响  │涵  │的影│    │    │    │    │   │
│  │    │    │    │    │响  │    │    │    │    │   │
│  └──┴──┴──┴──┴──┴──┴──┴──┴──┘   │
└──────────────────────────────────────────────┘
                    ↓
┌───────────────────────────────────────────────┐
│研究缺口：未同时关注银行关联和政治关联两个重要的非正式机制，研究结果│
│可能存在内生性问题；非正式机制对企业债务期限结构的影响比较缺乏，并且│
│内容不完善；非正式机制作用的微观机理有待进一步探索          │
└───────────────────────────────────────────────┘
                    ↓
┌─────────────────── 研究问题 ───────────────────┐
│┌──────┬──────┬──────────────────┐│
││研究银行关联、│分析所有制情│基于经济增长理论中的技术因素引入企│
││政治关联对企业│境、信贷市场│业的高技术属性，进一步分析所有制情│
││债务期限结构的│竞争情境的调│境、信贷市场竞争情境和高技术属性的│
││影响     │节作用   │共同调节作用         ││
│└──────┴──────┴──────────────────┘│
└───────────────────────────────────────────────┘
                    ↓
        构建研究框架 提出研究假设
                    ↓
        数据收集、预处理 计量建模检验
                    ↓
     研究结论及讨论 理论贡献 管理建议 研究启示
```

图 1-1 研究思路

研究框架的确定，在研究问题基本确定的基础上展开研究过程的分析，借鉴以往的研究结论和不足，对本书的脉络进行梳理，并拓展阅读与研究过程相关的理论文献，如信贷配给理论、寻租理论、父爱主义理论和可信性信息理论等。对本书所涉及的自变量和因变量及其之间可能存在的新的联系建立框架，并通过理论推演提出相应的研究假设。

本书的主要内容为三个方面：

第一，本书采用社会资本理论和寻租理论全面展开银行关联和政治关联的影响分析，具有强大的理论支撑，进而先采用所收集数据对其他研究的结果进行重现，然后根据本书的理论分析将银行关联和政治关联同时作为解释变量纳入分析，对已有的研究结论进行了检验和改进，从非正式机制的视角为信贷配给理论的发展提供了支持。新兴经济体国家由于存在制度环境不完善、法律体系不健全、市场机制不发达等缺陷，从而无法为企业提供财产权的有效保护，研究认为新兴经济体的企业外部融资活动存在替代的调节机制，许多学者将研究的重点放在政治关联对企业信贷融资的影响上，并取得了基本一致但又具有局限性的结果，如马来西亚的研究认为，具有政治关联的企业能够获得更多的银行贷款（Fraser et al., 2006），在中国，企业管理者成为政协委员或人大代表也有助于企业提高其信贷融资可得性（Li et al., 2008）。也有研究专注另一种非正式机制即银行关联对企业信贷融资的影响，如企业持有银行的股权能够使企业更容易获得银行贷款的支持，理由在于这使企业和银行之间的利益关系更为密切（Lu et al., 2012）。但是对银行关联和政治关联的共存性现状认识不充分，导致研究中出现顾此失彼的现象，几乎没有研究在考虑政治关联的时候将银行关联作为解释变量或控制变量纳入分析，尤其缺乏在分析非正式机制对企业债务期限结构的影响时将银行关联和政治关联纳入分析的研究，本书在控制政治关联时分析了银行关联对企业债务期限结构的影响，并在控制银行关联和不同层级的政治关联时分析了具体层级的政治关联对企业债务期限结构的影响，对非正式机制在企业信贷资源配置中的作用效果实现了完善和拓展。

第二，本书基于父爱主义理论和市场失灵理论对所有制情境和信贷市场竞争情境在银行关联、政治关联对企业债务期限结构的影响中的调节作用进行了更为透彻翔实的分析，并采用分样本的分析形式讨论了所有制情境和信贷市场竞争情境在银行关联、政治关联影响企业债务期限结构中的调节作用。首先不同于已有研究，本书中的调节作用的检验结果是在对银行关联或政治关联进行应有的控制之下呈现的。另外，本书采用分样本分析的方式进行，该方式获得了银行关联和不同层级的政治关联在债务期限影响中的新差异。以往的研究认为非正式关联对于企业信贷融资的影响主要体现在民营企业中，在分析的过程中只选取民营企业的样本，本书按照企业的不同所有制结构，将企业划分为民营企业和国有企业，并在不同的样本中探讨银行关联和政治关联对企业信贷融资影响的特点，并发现在国有企业中也存在政治关联对于企业信贷融资的影响，区别于民营企业的是只有中央政治关联会对国有企业的信贷融资中长期借款的比例产生显著的影响。在分析非正式机制存在的必然性时，主要的观点是制度和法律的欠缺和市场机制的不完善催生了政治关联等替代机制来规制企业的外部融资环境，因此当探讨银行关联和政治关联对信贷融资的具体作用机制时，将金融发展程度和制度完善程度作为调节变量纳入分析，以往的研究过程是在主效应分析的基础上探讨其调节作用的显著情况和调节的方向，本书打破以往的研究套路，将企业样本按照其所在地区的不同信贷市场竞争程度划分为两种类型，并在不同的类型中分别探讨不同类型的非正式关联的影响结果，并发现在不同的信贷市场竞争程度下具有显著主效应的关联形式是不同的，更明确地区分了银行关联和政治关联对企业信贷融资的不同作用结果。

第三，本书基于经济增长理论将企业的高新技术属性引入研究并基于计量建模和数据检验过程发现了其在银行关联、政治关联作用机制中的调节作用，实现了对银行关联、政治关联作用微观机理的深入探索。企业的高新技术属性基于其本身的企业特质和项目特征赋予了它信息不对称性高、享受政府金融支持、能够支持政绩建设以及体现企业寻租能力四个特点，据此结合银行关联、政治关联对企业债务期限结构的作用路径，以及所有制情境和信贷市场竞争情境的影响因素，对高新技术属性同所有制情境、信贷市场竞争情境的共同调节效果展开了剖析。

根据研究内容和研究思路，本书共设置六章的内容，主要的结构安排如图1－2所示。

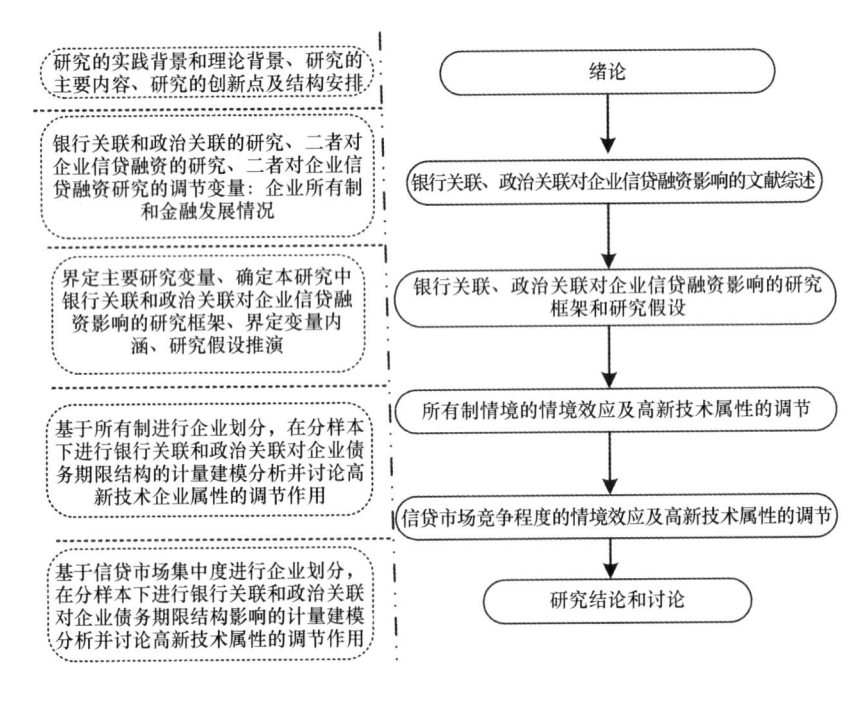

图 1-2 研究的主要内容

第一章，绪论。本章从实践和理论的角度介绍了研究开展的背景，实践背景主要包括对金融体系和信贷市场的介绍以及高新技术企业发展的机遇和挑战，理论背景分析了非正式机制在企业外部融资中存在的必然性与必要性；从理论和实践的角度分别论述了研究的意义所在；基于研究背景分析提出研究的主要问题并阐述研究思路；对研究方法的选择进行介绍；着重分析研究的创新之处。

第二章，银行关联和政治关联对企业信贷融资影响的文献综述。在文献阅读的基础上，对文献进行梳理。首先从信贷配给和企业外部融资研究演进的角度进行归纳，归纳表明对非正式机制的探讨是研究演化的方向。其次对银行关联和政治关联对企业信贷融资的影响进行整理，总结了以往研究中的主要结论和不同研究之间的区别，并对已有研究中的常见调节变量及其调节效果进行了总结分析。最后基于现存研究的情况提出了其存在的不足之处。

第三章，界定主要的研究变量，并确定研究框架提出研究假设。本部分第一项主要内容是对解释变量、被解释变量和调节变量的界定，其中解释变量有银行关联和不同层级的政治关联，被解释变量是企业的债务期限结构，调节变量有企业所有制、信贷市场竞争程度和企业的高新技术企业属性。本部分第二项主要内容是确定研究框架，主要包含对研究内容的主要架构的说明。本部分第三项主要内容是研究假设的提出，基于不同的理论分析提出不同变量之间的假设关系。

第四章，基于所有制情境的分析，银行关联和政治关联对企业债务期限结构的影响分析，以及民营企业和国有企业的银行关联、政治关联对债务期限结构的影响差异及高新技术属性的调节。按照第四章中的框架分析，首先在全样本下银行关联、政治关联对企业债务期限结构的影响重复前人的研究过程，继而根据本书的研究过程进行全样本下的分析，验证相关假设，进而对基于企业所有权性质划分的不同企业类型中银行关联和政治关联的影响机制进行探讨，并讨论高新技术属性对其影响的调节效果。通过构建计量实证模型，使用收集到的数据进行模型的检验分析，并针对数据分析的结果进行讨论。

第五章，基于信贷市场竞争情境的分析，不同信贷市场竞争程度下企业的银行关联、政治关联对其债务期限结构的影响差异及高新技术属性的调节。按照第三章中的框架分析，对基于企业所在地区的信贷市场竞争程度划分的不同企业类型中银行关联和政治关联的影响机制进行探讨，并讨论高新技术属性对其影响的调节效果。通过构建计量实证模型，使用收集到的数据进行模型的检验分析，并针对数据分析的结果进行讨论。

第六章，研究的结论与讨论。总结第四章和第五章的分析结果做出系统化的呈现，并对研究假设的检验结果进行讨论，在研究结果分析的基础上指出本书对企业的实用价值。

第二章 银行关联和政治关联对企业信贷融资影响的文献综述

第一节 信贷配给理论的演化

一 信贷配给的内容

信贷配给理论是从银行进行信贷配置决策的视角进行探讨的理论，信贷配给现象从出现到对信贷配给现象的解释经历了漫长的历史过程，如图 2-1 所示，其中包含着各种不同的视角，掺杂着许多学者对于这一现象的争论。本章按照信贷配给现象出现、对信贷配给现象的认知、对信贷配给现象的理论解释的顺序对信贷配给的相关文献进行梳理归纳。

二 信贷配给现象的出现

最初的记载和研究者只是意识到存在信贷配给的现象，但是并没有去解释这种现象存在的原因，更不会去探讨其中的微观机理。根据可查的文献，我们认为信贷配给现象的出现最早可以追溯到1833年，对贷款的限制被作为一种利率机制无法实行时的替代政策手段在英格兰发挥作用（Jaffee，1971）。凯恩斯（1930）也指出在市场经济背景下，"借款者的需求有一部分得不到满足，银行可以通过调节借款者的借款量而非利率手段来影响其投资总量"。

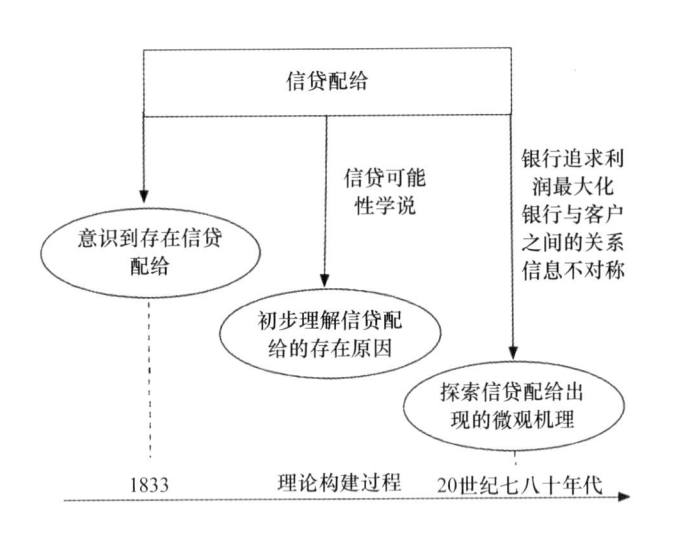

图 2-1 信贷配给理论的发展

三 对信贷配给现象的认知

研究者开始试图探索信贷配给现象出现的原因，但尚未形成揭示其微观作用机理的理论解释。利率作为一种市场调节手段一直受到关注，然而出于对信贷市场的分析，对利率的关注视角也发生了转变，对信贷配给现象的认知也从这种对利率研究态度的转变而开始逐步展开。利率的调节是出于其对信贷市场的影响从而影响实体经济获得的。信贷市场并不会同古典经济学家简单认为的那样瞬间出清，而是存在变化的可能，利率的上调和下降并不仅仅是出于对存款者的收益和借款者的成本的考虑，也会影响到贷款者对于实行贷款的松紧程度以及贷款数量变化的调节。"信贷可能性学说"仅仅是基于战后商业银行持有大量的长期政府债券的历史事实，对以商业银行为主的贷款者的一种推论分析，缺乏具有说服力的理论基础，以及信贷可能性变化会引发的后续经济效应（文远华，2005）。具体来讲利率的变化有影响信贷市场的可能，主要通过对信贷资金供给总量的影响、贷方选择放贷时机的影响以及影响贷方对于市场预期的判断从而进一步考虑是否进行信贷活动几个方面实现（Rosa，1951）。

利率的变化能够通过以上途径作用到信贷市场的供求关系和贷方行为上，那么也可以试着从利率波动的角度来探索信贷配给的产生原因。利率的变化会诱致贷款供给水平发生变化，但是利率的变化是否能够合理地分配贷款供给量，这是与利率变化的特点以及银行的主观偏好有关的。银行会考虑利率变化对信贷过程的调节状况以及其总体投资量的分配结构来进行决策。首先，利率的变化是否足够灵敏，能够反映市场环境，这是银行决定是否采取存贷配给手段进行贷款配置的前提。如果利率的调节缓慢或者利率有可能出现短期的黏滞，那么银行需要采取非利率手段进行调节，来满足对整体投资结构和资金运转的控制需要（Jaffee，1971）。另外，即使利率调节是迅速的，但只是市场经济中借款者与贷款者经济关系的反映，忽略了银行基于对总体市场形势的判断而形成的主观偏好，因此信贷配给的手段可以用来弥补该类缺陷（Wilson，1954）。至此，信贷配给存在的必要性已经逐渐获得理解，对于信贷配给产生微观机理的一般性分析即将展开，研究者开始将关注的重点转移到信贷配给的理论构建当中。

四 信贷配给理论的构建过程

（一）基于银行追求利润最大化目标函数的信贷配给理论

不同于以往研究围绕利率管制和信贷市场供求的竞争状况进行解释的视角，贷款者的资产负债率、借款期限和负债与经营收入等财务指标以及贷款者的无法偿债风险成为新的解释信贷配给存在的关键原因。古滕塔格（Guttentag，1960）认为由于市场因素对信贷双方行为的影响，贷款者存在一个被决定的供给量，出于对贷款者流动性需求和信贷风险的考虑，需要通过信贷配给的手段来优化其贷款组合。在借贷过程中，贷款者的项目存在失败的风险，霍奇（Hodgman，1962）的模型中，项目的风险体现为借款者的还款能力存在限制，也可以理解为项目的预期收益具有一个固定的上限，因此他设定每一个借款者的借款数量超过某一值后便会不能偿还，向市场中所有借款者提供的贷款总量便具有一个相应的最大值，超过这个最大值，银行不会再增加供给。不论是优化贷款组合还是降低因为借款者的违约行为对贷款资金造成的风险，具有一个共同的特点就是降低银行借贷过程中的利益损失，也可以认为均承认银行在信贷过程中是追求期望利润最大化的。

从理性经济人的角度，建立银行追求经济利益最大化的目标函数，由于贷款资金的投资回报的不确定性，银行会普遍倾向于采取信贷配给的行为（Freimer & Gordon，1965）。同样基于理性人的假设，银行存在一个使其利益最大化的最优利率，但市场中的利率与最优利率之间存在差异，因此依靠对具有不同风险的借款者通过利率手段来实现信贷配置是无法达成银行利润最大化的目标的，此时银行的信贷配给行为成为必要，银行的信贷配给行为可以被归纳为对于具有高风险的借款者实行的长期的信贷配给和在短期内为调整实际利率与最优利率之间的差异而对相对较低风险的借款者采用的机动性高的动态信贷配给策略（Jaffee & Franco，1969）。

针对以上研究，诸多后续研究通过放宽原有假设和引入新的条件进行丰富和发展，如放宽霍奇曼模型中借款人的偿债能力和借款数量独立的假设，其研究结论依然成立（Chase，1961）。放宽杰斐（Jaffee）和莫迪利亚尼（Modigliani）建立的模型中固定投资项目的规模，不考虑它对项目产出影响的假设，对原有模型的分析并未改变贷款供给曲线的主要特性（Smith，1972）。阿兹和考克斯（1976）质疑了杰斐模型中作为银行理性选择的信贷配给的存在性，认为这种信贷配给看上去合理的原因是原模型中忽略了对借款者的抵押品和其资金禀赋的考虑，但是这种质疑被杰斐和莫迪利亚尼（Jaffee & Thomas，1976）认为是基于对其模型的错误认知而进行的，故而并未获得认可。脱离理性经纪人的假设和利润最大化的目标函数设定，银行和客户之间的关系，主要是指除去借贷关系之外的其他关系，如存款关系或是从银行获得其他服务的倾向，均会影响到其遭受到信贷配给的可能性（Cukierman，1978；Hodgman，1963）。

（二）基于信息不对称的信贷配给理论为银行带来风险

目前被广为认知的基于信息不对称的信贷配给理论的提出要晚于以上观点。由于信息不对称而造成的市场调节实效主要源于逆向选择、道德风险以及委托代理问题。这三个方面都被运用到对信贷配给现象存在的原因进行解释的过程中。首先是信息不对称而导致的逆向选择和道德风险问题。银行在进行借贷活动时，对所有借款者实行的利率是一致的，但是借款者的质量却存在差异，其中不乏掩盖投资项目真实风险程度的虚伪投资者，然而银行无法实现对不同借款者的甄别，因而选择提高利率的方式来补偿可能存在的损失，然而这会使诚实的借款者缩减贷款份额，虚伪的借款者为避免暴露也会做出同样的选择，此时作为对逆向选择现象的理性回应出现信贷配给（Jaffee & Thomas，1976）。基于对质疑的回应，杰斐和拉塞尔（Rusell）强调在信息不对称存在时，借贷双方的地位是不对等的，其研究的展开是基于借贷行业的市场环境而非单个贷款（Hess，1984）提供方展开的，并且考虑到由于贷方不能够完全掌握借方信息而存在的道德风险问题。从信息不对称所导致的道德风险和逆向选择来构建信贷配给理论最具有影响力的是斯蒂格利茨和韦斯，他们给出了对信贷配给存在的经典证明。其建立的模型中认为银行事先难以辨别借款者的质量，因而选择借助利率来进行甄别，认为愿意出更高利率获得贷款的借款者做投资的项目具有更高的风险，那么为了降低银行贷款的总体风险，这一部分借款者的贷款需求会不予满足或者只提供部分满足，最终证明信贷配给是模型的均衡条件（Stiglitz & Weiss，1981）。即使将借款者进行分组分别进行建模分析，在同一组内的借款者质量仍然参差不齐，通过信贷配给实现均衡同样可以获得证明（Stiglitz & Andrew，1987）。

另外，从信息不对称导致的委托代理问题的角度，借款者和贷款者由于信贷关系而形成类似委托代理的关系。银行作为资金的所有者将其使用权交予借款者，由借款者进行投资活动的选择和管理，由于监督成本的存在，贷款者难以实现对借款者行为的监督（Williamson，1986、1987）。此时利率的提高更可能诱发借款者违约，意味着银行需要投入更多的监督成本来对借款人的行为进行监督和控制，显然通过利率的手段是无法实现信贷市场均衡的。信贷合约成为借贷双方的最优选择，那么委托代理问题就随之产生，贷款者发生信贷配给的行为（Sharpe，1991）。

不难发现，对于信贷配给理论已经颇具规模的探讨基本都认同银行在信贷过程中追求的是利润最大化，对于信贷配给理论的解释也可主要概括为制度环境因素、企业自身财务特征和信息不对称三个方面。以上信贷配给理论的探讨也适用于我国的信贷市场现状，本书中也会加以运用，但我们认为在我国的市场背景下银行在进行决策时会考虑对利润最大化的追求，但并不仅仅局限于此，有些决策的做出会立足于市场扩张等战略需求，因此在信贷配给理论构建中探讨不多的银行与客户的关系，以及基于我国银行和企业产权结构的特殊性所纳入的政治关联会成为研究中讨论的重点。

五 关系型信贷配给关系银行的理论

关系借贷的研究主要包含理论探讨和实证研究两类。理论探讨最初源于对关系银行模型的分析,由于信息不对称导致的逆向选择和道德风险,银行最初对借款者采取较高的利率以期望甄别贷款者的质量从而降低信贷风险,但是随着掌握更多的借款者信息,银行的贷款利率会逐步降低(Petersen,1995;Petersen & Rajan,1994)。不仅如此,如果企业和银行已经保持了长久的合作关系,那么银行向企业提供贷款时对抵押品的要求也会降低(Boot & Thakor,2000)。

关系型借贷是银行与企业之间基于长久的合作关系而实现的相互增进了解,从而使银行加强对在信贷过程中由于信息不对称而导致的信贷风险的控制的一种借贷方式(Berlin & Mester,1998)。为了检验关系银行的理论,一些实证研究应运而生。通过发达国家的调查数据,实证研究表明关系银行能够降低企业获得贷款的利率,提高其信贷资金的可获得性并且降低银行对其贷款抵押的要求(Petersen & Rajan,1994)。基于我国的企业获贷数据和银行贷款情况,关系借贷理论同样成立,银行关系在信贷活动中是一种有效的非正式关系,具有银行关系的民营企业能够获得更多的银行贷款(唐建新等,2011),中小微企业保持更多数量的关系银行能够显著增加其信贷可得性(何韧等,2012),如果我国企业与银行之间保持长久的合作关系,那么企业获得外币贷款需要支付的利率也会有所降低(曹敏等,2003)。

关系银行是基于信息不对称提出的，在对作为金融中介的银行研究中是学术界的一个重要研究方向。由于银行与企业之间存在信贷关系，督促银行获得企业更多的信息，通过长久的合作便于信息的获得，从而有利于降低企业在获得信贷时的利率，增加其信贷可得性。在我国关系型借贷的研究并不多，为此本书将在后续部分进行归纳分析，以便能更加具体地分析关系银行在我国的转型时期对信贷配置所体现出的不同影响。

第二节 企业融资需要非正式机制

一 转型经济不利于企业外部融资

企业的外部融资对企业的发展和再投资都具有重要作用，对外部融资依赖性更强的行业具有更快的发展速度，金融中介通过向企业提供外部融资实现了对资本积累的改善和对总要素生产率增长的贡献（Beck et al., 2000），在法律体系健全、金融市场发达的国家，依赖于外部融资的企业越多国家越能够保持高生产率。完善的法律体系有利于保护股东的利益，推动金融体系的发展，金融体系的不断发展能够增加企业获得外部融资的可能，使企业获得更多的外部融资（Beck et al., 2003）。转型经济体往往缺乏健全的法律体系和制度环境，金融市场的发展程度依然落后。与经济和民营企业的迅速发展相比，制度的发展被远远落在后面，中国在改革开放初期的政治环境不利于民营企业的发展（Young, 1989）。商业和财产权保护相关的法律或者缺失或者不能得到有效的执行，使得企业的财产权只能获得微弱的法律保护（Johnson et al.，2002），难以使企业躲避遭受财产的侵占。越南的民营企业在市场中面临的两个主要问题是寻找合作伙伴的困难和合同履行相关法律的缺失（John & Christopher，1999）。因此在经济转型的国家中，企业无法依赖制度环境、法律体系等正规体制来获得所需要的外部融资，只能寻求其他途径来达成目标，一些非正规的替代机制应运而生。

二 非正式机制利于企业外部融资

经济转型国家中的法律和金融体系不能为企业外部融资提供有利环境，法律不能保护企业的财产不受侵犯和保证企业合同的有效执行，因而不利于企业向银行申请贷款（Walder，1996）。企业为了获得外部融资来支撑企业发展，选择依赖一些非制度的因素（Allen et al.，2012）。原苏联的国家在经济转型过程中，企业面临着过度的官僚主义行为，为了避免这种伤害，企业通过建立彼此之间的关系，将一些经营活动转为地下秘密进行，以躲避高额的税赋和来自政府的"掠夺"，企业构建属于自己的组织，来自助解决某些问题，如在俄罗斯的仲裁机构替代法院来处理纠纷（Hay & Shleifer，1998）。由于政府掌控大多的社会资源和生产资料，相较于民营企业，国有企业具有得天独厚的优势，所有制的差别为企业带来了截然不同的资源和发展。在中国，民营企业将企业从私有产权转为集体产权，企图为企业扣上一顶官帽子，企业的集体产权性质确实能够为企业获得资源提供便利，并给企业带来税收优惠等好处（Gore，1998）。由于集体企业对地方政府经济绩效的贡献，地方政府为其赢得了土地和信贷等重要资源，并且越是在市场发展落后的地区，这种好处越明显（Jin & Qian，1998）。

产权形式的改变对民营企业获取资源的状况做出了改善，出于趋利附势的动机和对落后的制度环境的无奈，企业家开始进入政界，建立政治关联，以期将政治关联作为一种非正规机制替代法律制度来缓解企业发展中的阻碍。越是在制度落后的国家，企业政治关联的现象越为普遍。在我国越来越多的企业家参与政治，其中许多成为了人大代表和政协委员。也有企业选择聘任现任或前任的政府官员、人大代表或政协委员担任企业的董事（Chen et al.，2011）。另外一种替代机制的选择就是和银行直接发生关联，银行与企业之间相互持股，或者是企业聘任银行的管理人员，这些行为都使得银行与企业之间建立起亲密关系，这种关系的建立使银行的贷款行为不仅与其当时的贷款利率等收入相关，未来的投资收入也直接关系到银行或是银行中利益相关者的收益（Bae et al.，2002）。通过银行和企业之间建立更为亲密的关系，银行也能够把握更多的企业信息和进一步对投资活动的运行，从而有效地改善银行和企业之间的信息不对称，因此银行也更愿意向其关联企业提供关联贷款（related lending），与银行具有关联的企业能够通过提供较少的财产抵押而获得更多的长期贷款（Charumilind et al.，2006）。

第三节 政府和银行对企业融资的重要性

一 政府的扶持之手

企业的生存和发展需要各种要素资源的提供和基础设施的建设作为支撑，以及一个具有良好制度规范和法律约束的市场经济环境。国家具有为企业提供以上资源的能力和责任。在理论与现实的基础上，资源配置的方式的实现是政府与市场之间的边界的确定，根据交易成本的理论，市场与政府的边界是交易成本的最小化。如果在资源配置的过程中政府的配置成本低于市场的配置成本，那么就选择由政府主导的配置方式，相反则选择由市场主导的配置方式，从包含不同资源配置的总体情形分析，由政府和市场共同配置是现实经济运行中的普遍现象（Allen et al.，2007）。政府在监督机制的确立和制度环境的构建具有私人部门不可替代的强权优势。基于政府在金融市场中的职能分析，政府介入市场工作的原因是市场存在市场失灵、信息不对称等各种不足，政府对市场的干预工作能够为市场中各种主体的运行形成支持。

具体到金融市场中的资本配置，由于政府所具有的强制力量可以要求企业公开其财政方面的某些信息和其他与融资相关的信息，并对企业进行审查工作，来制约企业公开信息时的道德风险行为，这有利于诚实的企业以相对公平的机会参与金融市场中的竞争，同时对不诚实的企业利用虚假信息或者是隐瞒不利于其融资的信息的行为形成了管制，良好地支持了公正有序的金融市场的建设（Johnson & Mitton，2003）。对于金融机构，政府同样具有监督机制，制约金融机构的市场行为，避免金融机构的过度投资，稳定金融市场环境，防范由金融机构的风险性行为而造成的金融动荡。在金融市场中，金融机构和企业的行为都具有外部性，如一个金融机构向企业进行贷款会传达出企业的信用程度可靠的信息，对企业获得其他机构的贷款具有整的外部性（Beck et al.，2003）。银行作为金融机构中的主体，银行的经营状况同样具有外部性，如一家或几家银行的经营出现问题会让企业对金融市场的稳健运行产生怀疑，因此政府对于银行行为的规范对于从根本上防范银行的经营不善所造成的负的外部性形成良性诱导，增强了借贷企业对于金融市场的信心。

此外，由于金融机构的进入门槛较高，这使得单纯依靠市场竞争机制形成的金融市场具有接近于垄断的市场形式，介于中小企业在资产担保和企业收益方面的劣势地位，使其难以在大型的金融机构获得融资，唯独政府具有相应的禀赋基础来为中小企业融资设立专门的金融机构来支撑中小企业的发展。另一方面，政府对于企业还具有事后保护的作用，一旦金融机构出现经营失利的情形，政府会保护投资者的利益（江伟和李斌，2006）。因此，政府的监督机制可以通过丰富金融市场中借贷双方所公开的信息，降低信贷双方由于辨别企业和金融机构的质量而耗费的成本，并且能够推动金融市场中风险的合理分担机制的构建，对金融机构或企业所遭受的部门损失进行事后补偿。概括地讲，政府为企业在金融市场中的事前工作节约了成本，并且对企业在金融市场中的事后权益形成了保障。

政府干预经济的基本原因有三个（斯蒂格利茨和沃尔什，2005）：（1）通过纠正市场失灵，改善经济效率，市场失灵的来源是不完全竞争、不完全信息、外部性、公共物品和市场缺失。（2）通过改变市场的结果，追求公平和平等的社会价值。（3）通过对消费者进行消费强制来追求其他一些社会价值。

第一，在金融市场中市场失灵存在。显然，即使是发达国家的市场经济体系中金融市场的竞争也是不完全的，否则现实中就不会存在铺天盖地的广告了。经济学中完全竞争市场所实现的帕累托有效是不可能实现的。由于不完全竞争能够导致市场效率的缺乏，政府在促进竞争和限制滥用市场实力方面发挥着积极作用。如在金融市场中允许银行和其他信贷机构在通过审核标准的情况下同时提供信贷服务，便是在促进信贷市场竞争机制的形成，以期形成市场化的贷款利率。

第二，在金融市场中，具体到信贷市场存在的信息不对称现象已经在前面的内容中做了诸多讨论。这里的信息不对称是指借款方和贷款方都不能够准确获得对方的信息。在实践中，实现一次信贷活动会发生非利息交易成本和信息处理成本，借款者如企业的交易成本包括选择一个合适的贷款提供者花费的费用以及贷款申请费用等。贷款者如银行的交易成本主要是对借款者的事前甄别和评估所发生的成本，但即使进行了甄别信贷双方依然可能存在信息不对称，这是因为一方面双方了解的信息仍然会存在差异，另一方面即使掌握相同的信息，对信息的理解和判断也会产生差异。

第二章　银行关联和政治关联对企业信贷融资影响的文献综述 | 45

第三，如果仅仅通过市场竞争来进行信贷配置，较高的贷款利率可能会将风险和收益都相对较低的融资项目排除在外，发生逆向选择的问题。那么继而获得贷款的高风险项目存在无法偿债的可能性，也就是产生道德风险，使金融中介遭受损失（张杰，2001、2011）。由于政府具有对全社会的制度管控权，使政府拥有征税权、禁止权、处罚权以及一定的交易费用优势，从而可以通过建立监督机制和创建制度环境的方面对金融市场或信贷市场中存在的以上问题进行有力干预。

二　银行是企业的主要资金来源

我国的银行关联从改革开放之前的计划经济时期到现在市场化经济的运行时期发生了显而易见的改变。在计划经济时期，一切资源的主导权都在国家的掌握中，银行即便存在也只是国家指令性计划的执行者，借贷双方是一种由国家安排好的一一对应的关系，企业也是国家所有的，银行和企业的关系是由国家决定的，并不存在二者之间自主发生的联系，而且银行和企业之间的信贷资金的配置基本不会受到这种关系的影响（吴敬琏，1999）。改革开放之后，我国的银行逐渐开始进行改制，最初国家对于利率的管制严格，但是随着企业和银行的所有制改革进程的推进，银行和企业自身对于利益的追求意识增强，但利率的严格管制，突出了银行关联在信贷活动中的决定性作用，信贷市场的寻租现象普遍（Walder，1995）。随着金融市场化步伐的迈进，我国现在形成了中央银行制度，由完全由国家经营向以国有四大银行为主体，多家不同的商业银行共同发展的格局转变，银行的业务种类更为多样，金融运行的体制不再单一，企业的融资活动也开始采取市场化机制，并且金融市场逐步转向正规，在中央银行的宏观调控机制和金融监管制度的共同作用下不断向完善、健康的方向发展（Allen et al.，2007）。同时，我国的银行关联也正脱离传统的计划经济体制下的政策束缚关系向更加自由的市场化的现代银行关联进行调整，为了实现规范的现代化银行关联，银行和企业必须遵循以下要求（王江，2002）：银行和企业是独立的经济主体，具有经济利益的独立性和产权界定的排他性；银行和企业自主选择借贷行为并对其行为负责；借贷关系受到法律契约的约束，银行和企业的债权债务关系通过法律契约的形式得到明确和保护；在借贷过程中必须履行按期偿还和按约付息；信贷资金的价格也就是贷款利率需要由市场决定；银行和企业在信贷过程中必须彼此信任并且互相合作（Bharath et al.，2007）。

我国的外部融资具有自己独特的体现，但是债务融资是我国的主要外部融资方式之一，上市企业从信贷市场中获得大量的资金支持来部分满足其投资的需要。债务融资的过程受到来自企业内部特征和外部金融环境的诸多具体因素的影响，是一个复杂的多要素共同作用的过程，尤其在我国债务融资的发展具有不同于其他国家的特征。

发达国家的融资顺序是按照内部融资、债务融资、股权融资的顺序进行的，这符合优序融资理论的观点。但在我国大量研究中认为上市公司存在股权融资偏好，我国企业的融资顺序颠覆了债务融资和股权融资之间的关系，通过比较我国企业在

1991年至2002年十二年间的公司债券和股票的发行金额，我国债券发行总量很低，只占股票发行金额的10%左右（周勤等，2006）。这种分析结论的出现与研究的开展方式有直接关系，研究是针对所有公司的债券发行数量和股票发行情况进行统计分析的，并没有形成只针对我国上市企业的研究结论。因此，在新的研究中，根据我国上市公司在2000年到2009年的融资数据进行统计分析出现了截然相反的结论，我国的上市公司的外源融资满足了企业大部分的融资需求，在针对外部融资的具体分析中，债务融资和股权融资对外部融资的贡献程度由2000年的平分天下转变为债务融资主导的方式，到2009年债务融资在我国非金融类上市公司的外部融资中占有72%的比例（张航，2013）。因此债务融资在企业外部融资中所做出的具体贡献程度尚未形成统一的认识，但这也是我们进行债务融资研究的动机。优序融资理论指出，债务融资和股权融资相比其风险和成本都较小，应该是企业优先选择的外部融资方式，并且这一理论在诸多市场相对成熟的发达国家中得到了验证，那么我国与发达国家之间的差别是什么原因造成的，对于我国上市企业违背常规的股权偏好现象的微观作用机制的探索在一定程度上能够促进我国向更为完善的金融市场迈进。

我们认为，债务融资在我国会被当作一种次优的外部融资方式是受到我国特有的经济运行条件和宏观政策影响的，探索我国外部融资顺序与经典理论相违背的原因需要同时寻找上市企业选择股票融资的驱动力量和上市企业没有优先采用债务融资的阻碍因素。因此对债务融资情况展开分析是认清我国债务融资现状，推动我国金融配置活动合理化发展的必经之路。

第四节　银行关联、政治关联的维度和内涵

一　银行关联的维度和内涵

第一角度是银行和企业的关联层次，即组织和个人层次，如图 2-2 所示。银行与企业之间的关系对于企业的信贷融资过程的影响也是按照不同的层次展开的，在组织层面上银行和企业的交叉持股行为通过降低融资成本为企业获得信贷融资提供了便利条件，有助于企业获得更好的经济效益（Noel & Stephen，2007）。而且如果企业持有银行的股份，它能够有效缓解企业的融资约束，帮助其获得更多的信贷融资（Lu et al.，2012）。在个体层面，现在或曾经在银行就职的人员担任企业的董事长或总经理能够使企业提高外部融资在所有融资中所占的比例（Burak et al.，2008），同时降低企业获得信贷融资的成本，并使企业获得更多的银行贷款（唐建新等，2011），而且获得的长期贷款的比例也变得更高（邓建平和曾勇，2011）。银行关联是银行克服信息不对称实现对贷款对象的识别的有力手段（Stiglitz & Weiss，1981）。依托于银行和企业之间的长时期合作进行的关系型借贷是企业和银行不断增进了解，实现互相监督的良好平台，提升银行对企业进行长久监督的机会，为企业以更低的成本获得信贷融资提供可能（Boot & Thakor，2000）。

根据银行关联发生的层次不同一般将其划分为银企关联和

持股关联两种（翟胜宝等，2014）。银企关联是指企业的高管具有银行的工作背景；持股关联是指银行持有非金融类上市企业的股份或企业持股银行。高管的工作背景而产生的关联是自然人层面的个体关联，涉及个体的利益和人情关系。持股关联是组织层面的利润关系，将对方的经营情况和自身的绩效相联系，是追求利润最大化时必须考虑的组成部分。银行与企业之间的关系会对银行的信贷资源配置产生影响，认识和了解银行信贷的目的和过程是明确这种影响的作用方式的先决条件。作为理性经济人的银行进行信贷的目的是想要通过存贷利率差获取利润，为了实现这一目标银行需要根据企业的财务状况和其他相关信息判断企业是否存在违约风险，如果同时有多家企业向银行提出贷款申请，那么银行需要依据以上信息的判断对企业进行筛选，最终做出信贷配置的决策。

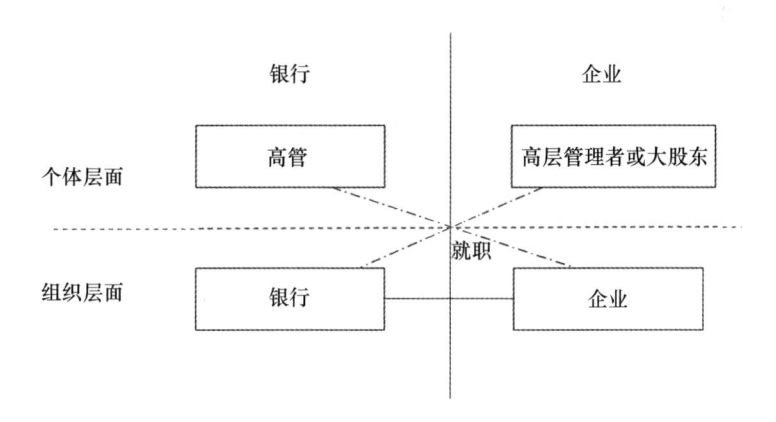

图 2-2 银行关联的维度分析

在实际的信贷活动中，由于各种干扰因素的存在，需要对以上理性的信贷过程在三个方面进行重新讨论：第一，信贷过程中占据主动地位的是银行还是企业？信贷市场中的企业和银行的行为都具有外部性，一家银行尤其是在业界具有影响力的大型银行向某企业发放贷款的行为会向其他的银行发出信号，让其他银行认为该企业的还款能力和信用水平是可靠的，进而愿意向该企业提供贷款，甚至于会主动要求向该类企业提供贷款服务。综合效益高、运营状况好的大型企业，大都在信贷过程中占据主动地位，银行会倾向于优先满足这种类型企业的贷款需求，并有可能向企业提供多于其需求量的贷款。但是经营规模小，效益也相对不稳定的中小企业，却面临着资金短缺但银行又处于风险的考虑拒绝向其提供贷款的窘境。第二，银行在信贷的过程中也许并非在追求利润的最大化。银行在发放贷款的过程中不仅要考虑利润增长的需要，还必须要注意到非利益关系的社会关系的影响。如由于社会人情往来存在，银行的经营者会做出偏离银行经济目标的决策，向企业发放人情贷款，形成由个体利益驱动的贷款的无效率配置。第三，对借贷企业的信息的掌握有利于银行做出正确的贷款决策。银行对企业的信息了解的途径是有限的，仅从财务报表等方面难以实现对企业的正确评价，而银行和企业的联系给银行提供了丰富、完善的企业软信息的渠道。银行和企业管理者的社会交往可以降低银行获得信息的成本，降低企业和银行之间的信息不对称的程度，有助于帮助银行分辨出不同质量的客户，并从中挖掘有发展潜力的投资项目，实现贷款更有效、更合理的配置。

研究中常提到的关系贷款也与上面对银行关联层次的分析

第二章 银行关联和政治关联对企业信贷融资影响的文献综述

相吻合。关系贷款是银行和企业出于长期的合作关系来完善信贷过程中的信息,从而降低信贷风险的过程(Berlin & Mester,1998)。银行和企业的长期合作关系就是前面所论述的二者在不同层面之间的关系。关系型借贷的实施过程有两种:一种是源于信贷过程中的具体负责人之间的利益往来和人情关系。银行和企业之间的业务往来是由具体的工作参与者负责的,随着业务交流次数的增加,鉴于我国传统文化对于交际的重视,企业和银行的具体负责人必然发生一些非工作关系的人情往来,负责者的自身利益会通过某些隐性契约被牵扯到信贷过程中,导致银行发放贷款时选择的是与直接责任人有利益往来的企业,企业在申请贷款时,也会依据企业申贷人的个人利益而发生转移,那么银行或企业在信贷过程中的竞争力就被信贷活动参与者的个人利益所替代,造成大量人情借贷的存在。由此而出现的接待配置局面对于银行或企业的整体利益可能有利,也可能有害。另一种实现途径是银行和企业之间的长时期的合作能够有效增进银行对企业的了解,使银行更好地鉴别企业的财务运转情况,虽然根据政策企业尤其是上市企业要对其具体的会计信息进行披露,但是出于减少缴税金额以及美化财务状况的动机,许多企业公开的账面信息与实际情况不符合,如对于其负面的财务信息进行隐瞒等。对于企业真实的经营状况的洞察,在短时间内通过一些文件或调查都难以实现,只有通过长期的观察,并在以往合作的基础上深入对企业的了解,结识更多的企业从业者,从这些内部人所了解的信息中重新梳理出企业的发展现状,才能够挖掘到真实的、可靠的有效信息,进而辅助银行做出对所投资项目的发展潜力和信贷风险更进一步的评估，做出更为准确的信贷决策，从整体上提高银行的信贷资源配置的效率。

虽然对于银行关联具有不同的界定方式，但是界定方式的变化并没有突破银行关联的两个层次，只是针对不同的研究对象和研究内容，并考虑到收集数据的难易程度而有所区别。对于上市公司的银行关联的界定一般使用高管的银行关联和银企互相持股情况进行描述（翟胜宝等，2014）。也可对这种关系进行细化分析，如针对高管是与总行还是省级分行或者是级别更低的分行发生关联分别展开分析，研究不同层次的银行关联在企业信贷活动中的不同作用程度（邓建平和曾勇，2011）。对于中小型企业的银行关联分析，关注的重点在于中小企业和银行的长期合作关系对于其信贷融资情况的影响，一般使用银企合作的关系长度和规模进行刻画。银行的关系长度通常使用企业与主要银行的关系长度进行衡量；银行关联的规模是指与企业具有合作关系的银行的总数（何韧等，2012）。

二 政治关联的维度和内涵

政治关联的内涵可以从个体层面的政治关联和组织层面的所有制结构进行分析，如图2-3所示。以往的研究中对于政治关联的界定有许多描述方式。

在政治关联的描述上，一般的描述方式有：一种是基于政治权力的刻画，如企业的管理层中有人就职于政府部门或者是与具有政治地位的人物联系紧密（Faccio et al.，2006），又或

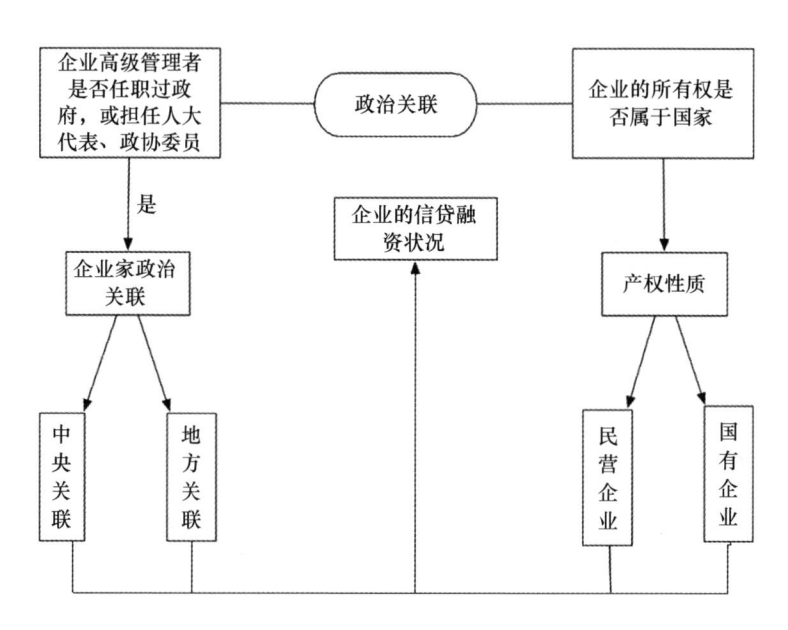

第二章 银行关联和政治关联对企业信贷融资影响的文献综述

图 2-3 政治关联的维度分析

者是在企业的董事会中具有政治背景的成员所占的比例。依据我国社会的政治现状，香港中文大学的范博宏将董事长的政治关联定义为现在或曾经是政府的官员（Fan et al.，2007）。大陆地区的研究中将企业的管理人员谁会成为人大、政协委员也加入到其政治关联的判定标准中（罗党论和甄丽明，2008），因此将政治关联定义为企业的管理者具有人大、政协和政府部门就职经历（潘越等，2009；吴文锋等，2008；吴文锋等，2009；张敏等，2010）。李健和陈传明（2013）在以上刻画方式的基础上进行了政治关联的层级划分，将政治关联根据企业管理者的政府就职背景是在中央政府还是在地方政府进行了细分。针对所有制情况的企业政治关系的描述比较统一，都将企业的所有权分为国有企业和民营企业，有的研究中还将国有企业具体划分为中央企业和其他国有企业（白俊和连立帅，2012；方军雄，2007；李健和陈传明，2013）。

第五节　银行关联、政治关联的影响

一　银行关联的影响

银行和企业的关联可以影响企业在信贷市场获得的融资情况，同时缓解企业受到的融资约束，因此企业能够及时地获得所需融资，提高其融资效率，进而有助于企业在第一时间把握投资机会。在银行和企业建立密切的合作关系之后，银行会根据对企业的细致入微的了解来选择是否向企业提供进一步的投资，在投资之后，基于长久的合作关系所积攒的人脉关系和信息渠道，以及对于资金使用过程中企业行为的监督需求，银行会投入更多的资源来监管和约束企业的投资行为，从而对企业的过度投资实现有效抑制。银行关联这种非正式制度对于民营企业的投资效率具有明显的改善效果（翟胜宝等，2014）。

银行和企业之间建立亲密的关系能够使银行获得企业更多的在金融市场中不能获得的信息，增进银行对企业的把握，当双方的这种关系更为紧密时，会为企业带来更多的贷款和更低的贷款成本（Engelberg et al., 2012）。如果企业董事会中有银行的职员，对企业的信贷会有以下影响：以个人贷款的形式增加企业的负债比例；降低企业负债对其有形资产比例的敏感度；降低企业的借款成本；在贷款合同中减少对抵押品的约束内容

(Sisli-Ciamarra, 2012)。董事会中有放贷银行的银行家能够降低企业的负债率，董事会中非放贷银行的银行家的影响则随企业的财务状况而变化：对于面临财务困境的企业提供的更多的是专业知识的帮助；对于财务状况良好的企业则发挥监督的作用（Byrd & Mizruchi, 2005）。银行和企业之间的关系是企业进行是否向银行贷款决策和银行进行是否向企业发放贷款的决策的重要考虑因素（Chakravarty & Yilmazer, 2009）。这是因为董事会中有银行家能够更直接地参与对企业管理过程的监督，并且有助于银行获取企业的真实信息，从而更好地评估企业的信誉度，来为银行放贷提供参考，基于这一过程的信贷也降低了企业的融资成本（James, 1987）。银行家就职于企业的董事会还具有正向外部性，能够为企业赢得来自其他银行的稳定资金来源（Kracaw & Zenner, 1998）。

也有学者认为银行关联会带来负面影响，夏普（Sharpe, 1990）早在20世纪90年代末就曾指出银行与企业之间的密切联系使其掌握企业诸多不为其他银行所知的内部消息，这可能会成为银行向企业索取高利率，并垄断其贷款需求的关键。银行家是董事会成员，能够使银行基于其获取的内部信息来更为准确地评估所投资项目的风险，从而提供相应的利率价格，继而形成一种基于信息的贷款垄断（Rajan, 1992）。由于这个原因，企业与银行之间的密切联系反而使得企业在贷款申请过程中更加被动。德格里斯（Degryse, 2000）分析认为银行和企业的联系会降低其贷款率，这是因为企业转向购买银行的信息敏感性产品而不是去申请更多的贷款。

二 政治关联的影响

本部分介绍个人层面的政治关联对企业的影响研究和组织层面的所有制差异对企业的影响分析。分析政治关联对于企业的信贷融资造成的影响，以往的研究主要关注企业的信贷融资的数量、信贷融资的期限结构等不同方面。

首先，第一类研究的梳理从个人层面的政治关联研究入手。对于信贷融资数量的影响，企业家政治关联能够为企业带来诸多影响，主要表现为更容易或更为顺利地实现对社会资源的占用和企业价值的提高，并且使企业之间的信贷融资状况产生差异。根据对许多学者在印度、马来西亚等其他国家的相关统计分析，企业中的管理者存在政治关联能够帮助企业获得融资或者是减少税收负担从而对企业价值产生正向的影响（Faccio, 2006; Fisman, 2001）。但同时，这种政治关联发生中断会对拥有政治关联的企业产生相应的负面影响，如与企业相关的政治官员或者是拥有政治背景的企业管理者落马会对上市企业的股价产生立竿见影的影响（Fisman, 2001）。可见，具有政治关联的企业与具体的政治关联涉及的个体的发展状况息息相关，具有政治背景的企业家或者是与企业相关的政治人物的政治生涯的波动起伏都会对企业的经营状况产生影响。企业的政治关联会通过不同的途径对企业的价值产生不同的影响，考虑本书的特点，主要分析企业政治关联对企业的信贷融资的获得情况所产生的影响。信贷融资作为企业至关重要的融资途径，在企业发展中的作用不言而喻，企业的政治关联可以缓解企业的融资约束，并且使企业获得更多的银行贷款和信贷补贴，例如巴基斯坦的企业如果拥有政治关系能够获得更多的国有银行贷款，即使这些企业的贷款违约率相对较高，但是并不能减少其获得优惠贷款。同样，印度尼西亚的企业因为政治关联对于其银行贷款可得性的影响而倾向于选择从国内的银行获得贷款。在巴西只要企业为参选议员提供资金支持，该议员当选之后也会为企业提供诸多融资方面的便利。即使从包含不同国家的数据入手分析，仍然可以发现具有政治关联的企业，在其关联的政治人物赢得选举时能够获得更多的贷款融资（Dinc，2005）。

由上可见，企业的政治关联对其获得银行贷款的影响在许多的国家已经获得了数据的支持，并且在指导着企业的融资行为和融资途径的选择。在我国所开展的研究也获得了相似的结论，企业拥有政治关联也会左右银行放贷的决策，从而发生银行信贷歧视的现象，此时的银行并非单纯基于利润的角度进行贷款对象的选择（Brandt & Li，2003）。并且许多研究认为我国的银行贷款存在所有制歧视，具体内容在下一部分进行探讨，然而民营企业可以通过政治关联的方式来缓解由所有制特征带来的融资约束，研究表明在我国具有政治关联的民营企业更容易获得银行的贷款（罗党论和甄丽明，2008；袁淳等，2010；Li et al.，2008）。这种政治关系对于企业信贷配置的影响的发挥与企业所在地区的金融发展程度密切相关，在金融发展水平较低，法律法规对信贷市场的管制力度较弱的地区，企业银行借贷情况与其政治关联呈现出了更为密切的相关性（罗党论和甄丽明，2008；孙铮等，2005）。为深入探索企业的政治关联对其信贷融资的影响情况,不断有研究对这一影响的分析过程进行细化。在研究的企业类型上进行细化,通过将企业按照其财务状况进行分类,研究陷入财务困境的公司发挥政治关联作用来获取资金支持的情况,发现民营企业的政治关联对于其摆脱财务困境的帮助比国有企业大,地区经济的富余资金越多,政治关联对企业的财务困境的缓解作用越明显(潘越等,2009)。

对于债务期限结构的影响。作为政治关联影响的一种细化方式,将企业的债务期限结构作为被解释变量进行分析,企业的债务期限结构是债务契约的重要内容,债务期限结构规范着债务方和债权方的权利与义务。债务期限越长,债务期限结构指标越大,对于外部履约机制的要求越高。通过具体分析企业的政治关联对其获得的债务融资期限结构的影响,认为企业的政治关联对其获得的债务融资的期限结构存在一定程度的影响,在泰国的政治关联企业同样能够获得便利的信贷融资,它们可以通过提高较少的贷款抵押而获得债务期限较长的银行贷款(Charumilind et al., 2006)。在政府干预力度越强的地区,具有政治关联的企业获得的长期贷款的数量越多,在政府干预力度越弱的地区,具有政治关联的企业获得的短期贷款的数量越多(朱家谊,2010)。进一步对企业政治关联的层级进行细分可以发现,企业的地方政治关联对于债务期限结构的正向影响会大于企业的中央政治关联对其债务期限结构的正向影响,并且相对于国有企业,这种影响在民营企业中的体现更为鲜明(李健和陈传明,2013)。

综合现有的企业政治关联对于信贷市场的影响分析可以看出，基于国内外的统计数据进行的实证研究所获得结论基本一致，即拥有政治关联的企业在获得银行的信贷融资方面具有竞争优势，并且这种优势在金融市场不完善，竞争机制不健全的地区能够得到更加充分的施展。在对政治关联的影响机制的分析中，大多的研究考虑大多数银行的国有特征，将不同的所有制结构的企业进行了区分，此外也有依据企业的财务状况进行的分类研究。

第二种是企业的产权安排或是所有制结构对于企业的信贷融资的分析。已有的研究对于这一问题的分析主要关注的是影响结果的分析和影响路径的探索。对于影响结果的分析可以概括为是对银行是否具有所有制歧视的讨论，至今对该问题的回答并没有实现统一，不同的学者基于相应的实证支持各自的结论。虽然我国的民营企业在经济的发展中贡献巨大，对于推动我国的市场经济进程和提高就业率都产生了不容忽视的支撑作用，而且民营企业在我国经济体系中的作用还在不断加强，但是研究发现国有上市公司与民营上市公司之间仍然存在着差别贷款（江伟和李斌，2006），政府对许多经济资源实施严格的控制，银行大多为国有银行，民营企业难以获得银行贷款（Allen et al.，2005）。我国大部分的银行贷款依旧被国有企业吸收利用，私有企业面临银行的信贷歧视（Cull & Xu，2005）。这种对于民营企业的融资约束已经成为阻碍民营企业发展的绊脚石，而且将信贷资金更多地投入到效率更低的国有企业中严重降低了信贷市场的资金配置效率，不利于经济的增长（方军雄，2007）。虽然随着国有银行的商业化改革的进行，我国的金融市场有所发展，但是银行更加倾向于向国有企业提供贷款的现象仍旧较为普遍地存在，银行为国有企业提供更多的长期贷款，并且国有企业获得贷款的过程相对简单，在对抵押和担保等贷款手续的要求上都相对宽松，研究分析认为这种差异的存在源于国有企业的内在特点和我国市场的制度环境。首先，我国的国有企业具有预算软约束，当企业陷入财务困境时，国家往往会伸出援助之手向国有企业提供财政补贴和信贷支持来帮助其渡过难关，因此国有企业在借贷过程中的违约风险相对较小，有政府作为后盾，即便在向银行申请获得贷款时提供较少的担保抵押品也更有可能获得贷款，尤其是国有银行的贷款（沈红波等，2011）。另外，考虑到我国经济的演变过程，我国的银行同样也大部分为国有银行，国有银行向国有企业提供更多的长期贷款也许是出于其未来发展的需要（LaPorta et al.，2002）。而民营企业并不具有国有银行的以上优势，同时银行难以掌握其投资项目的风险，最终也就导致了向民营企业提供的贷款数量较少，贷款的期限相对较短（江伟和李斌，2006）。其次，从外部的金融市场环境和信贷市场制度化程度进行分析，金融发展水平的提高有助于降低银企之间的信息不对称对于信贷融资的影响，同时也有利于削弱国有企业和民营企业之间的信贷差异。而政府对于国有企业的各项有利政策能够成为国有企业在信贷过程中的隐形担保，有利于其获得更多的信贷资金（孙铮等，2006）。

第二章 银行关联和政治关联对企业信贷融资影响的文献综述

以上内容是有关学者对于在信贷过程中银行存在所有制歧视的探讨。还有一部分研究者认为银行在进行信贷配置的过程中根本就不存在所谓的所有制歧视，在实证分析中所呈现出来的国有企业和民营企业之间的信贷差异是一种合理现象，这种现象是基于目前市场环境下民营企业的合理信贷配置方式的呈现。方军雄（2010）针对上市的民营公司在上市之前和上市之后的信贷融资特征进行比较，发现这些民营企业在上市之前的信贷融资的贷款期限和数量都比上市之后高，甚至高于国有企业的贷款，那么企业上市行为所带来的信息公开并没有通过缓解信息不对称而减小国有企业和民营企业之间的信贷融资差异，反而进一步扩大了这种差异，因此作者推断民营上市公司获得的信贷融资数量少、期限短是其根据绩效目标进行自主决策的结果。白俊（2012）结合上市公司的数据从企业禀赋差异的角度解释了我国的民营企业和国有企业之间存在的信贷资金配置的差异。苟琴等（2014）选择在融资约束方面更具有代表性的非上市民营企业展开对其信贷融资需求和满足情况的讨论，首次将研究的重点放在了中小企业的信贷融资需求和信贷融资的获得情况之间的匹配上，发现大部分情况下是企业出于对自身禀赋条件的分析主动放弃了向银行申请信贷资金，而并非银行进行所有制歧视性放贷的后果。企业的所有制结构对于其信贷融资的影响路径主要可以从企业的禀赋来进行解释。国有企业由于其特殊的产权结构安排所获得的不同于民营企业的禀赋特征有两点，即预算软约束和国家有利政策。

第六节 企业所有权性质的调节作用

一 企业所有权性质对银行关联的调节

国有企业在最初是能够获得政府的直接拨款的,经过市场化经济的发展,国家取消了对国有企业的直接拨款,取而代之的是"拨改贷",即国有企业可以从银行贷款中获得资金的支持,随着金融市场的健全和现代企业制度的建立,我国的信贷过程逐渐强化了企业竞争的作用,但实际上我国的许多大型银行都是国有产权,在向国有企业进行贷款时不免受到政府的干扰,虽然改革仍旧在进行,但是治标不治本,国有企业在政治建设中的作用不可能被抹掉,正是由于国有企业承受许多政策性负担,政府将财政补贴借国有银行之手以贷款的方式对国有企业进行扶持的行为会在长期内继续存在。

银行和国有企业之间的隐形契约关系的存在使国有企业的经营状况对于银行的发展形成了巨大的制约,甚至于银行的政策性贷款成为国有银行的一部分不良贷款,长此以往,政策性贷款对银行所造成的负担容易导致整个银行业风险的增加。由于国有企业与银行的关系同其他企业与银行的关系具有明显的差别,国有企业与银行,尤其是国有银行之间自始至终都具有其他企业无法比拟的极其玄妙的密切关系,分析银行关联的个体和组织层面对信贷融资产生的影响时,对民营企业的影响多强于对国有企业的信贷融资带来的变化,这是由于民营企业面临更多的融资约束,而良好的银行关联能够明显缓解民营企业的融资约束（唐建新等，2011）。陆正飞等（Lu et al.，2012）认为相比于国有企业，民营企业更倾向于持有银行的股权。在民营企业中，中小微企业规模小、经营状况不稳定、利润较低并且一般不具有大量的固定资产进行抵押，而且能够为信贷融资支付的价格也受到自身经济条件的限制，致使其面临最为严重的融资困境，银行关联对于中小微企业获得信贷融资具有重要价值，保持更多的银行关联能够增加中小微企业的信贷可得性，随着银行和中小企业的合作时间的增长，银行向中小企业提供信贷融资的价格下降，对抵押品的要求也不断放宽松（周好文和李辉，2005；Bharath et al.，2007）。另外基于对外资企业的实证分析，同样能够得出企业与银行保持长久的合作关系能够获得更低的外币和人民币贷款利率的结论（曹敏等，2003）。

二 企业所有权性质对政治关联的调节

该部分涉及的文献主要是企业所有权性质调节个人层面的政治关联对企业影响过程的相关研究。国有企业和民营企业之间的所有制性质差别作为我国企业的一种标志性特征，其所引致的不同资源禀赋的差异，对于政治关联对信贷融资的影响也存在调节作用，政治关联对信贷融资的影响往往在民营企业中的体现更为明显，如李健和陈传明发现民营企业的政治关联与其债务期限结构的联系更为紧密，并且这种联系强度的不同甚至会细化在不同层级的政府产生的关联中（李健和陈传明，2013）。许多的研究者觉察到了所有制性质对于政治关联的调节作用，直接选择民营企业作为研究对象展开分析（Yang，2014），在民营企业的样本中发现政治关联增加了企业长期贷款可得性。并且有政治关联的民营企业获得更多的银行贷款和更长的贷款期限（余明桂和潘红波，2008），从而有效地帮助企业缓解融资约束（罗党论和甄丽明，2008）。民营企业的政治关联不仅可以改善其信贷状况，更可以进一步调整企业的业绩表现，使企业的发展状况更为乐观（Fan et al.，2007；Li et al.，2008）。

第七节　金融发展的调节作用

一　金融发展对银行关联的调节

许多研究表明，在不同的金融发展水平和制度完善程度下，银行和企业的关联对于企业信贷融资的影响具有不同的表现。在金融生态环境较差的地区，企业的银行关联能够为其带来更多的长期银行贷款，改善其信贷融资水平，如在制度机制不健全的中国，关系机制能够对企业的信贷活动产生明显的影响，在金融环境较好的地区，银行关联和企业债务融资之间不存在显著联系。与此不同的研究结果表明，经济发展水平的提高以及法律的不断完善有利于中小微企业与银行之间长期保持的银行关联对信贷融资正向作用的发挥（何韧等，2012）。

二　金融发展对政治关联的调节

金融发展落后催生了政治关联作为一种替代机制在信贷配

置中发生作用，政治关联对于企业信贷融资的影响程度受到了金融发展水平的调节。在制度水平落后，金融市场欠发达的地区更容易产生政治关联（Chen et al.，2011）。在金融发展水平低、制度健全程度差的地区政治关联的影响更为明显，能够为企业在信贷市场中谋取更多的利益（余明桂和潘红波，2008；Faccio，2006）。在市场化水平高的地区，信贷方面临的长期贷款履约成本更高；在市场化水平低的地区，政治关联的存在能够为企业形成有效担保，从而为该地区的企业争取到更多的长期贷款（孙铮等，2005）。李宏彬（Li et al.，2008）发现企业中的党员帮助企业从银行或其他国有机构获得贷款，这种行为在落后的法律体系和欠发达的市场环境中效果更好。

第八节 企业债务期限结构的影响因素分析

债务期限结构作为企业信贷融资情况的重要反映，是企业债务契约的重要内容，企业债务期限结构的衡量方式主要有两种，第一种是采用企业资产负债表中债务的到期期限来衡量，即企业的长期借款占总借款的比例（肖作平，2005；Barclay & Smith，1995）；另一种是采用新增加债务的到期期限进行衡量，由于新增加的债务是资产负债表上所表现出的债务的一个存量，因此称之为增量法（Guedes & Opler，1995）。但在研究中，由于资产负债表中的数据便于收集，因此在研究中使用长期借款占总借款比例作为企业债务期限结构的方式更为常见。对企业债务期限结构的影响因素分析，主要可以分为企业内部的特征因素和企业外部的制度因素。

针对企业的内部因素影响企业债务期限结构的研究主要有公司规模、企业的成长机会、企业的现金流和企业的信息不对称程度对企业债务期限结构的影响，规模越大的企业越容易获得长期贷款，即企业规模同其债务期限结构正相关，具有较少成长机会的企业会选择更多的长期贷款，自由现金流越多的企业的短期负债作为企业的负债资产越会增加管理者对自由现金流随意决策的压力，而长期负债的管理效应体现在防止管理者的无效率扩张上，企业的信息不对称程度越高，由于长期债务将会产生更多的信息监督成本，企业更有可能获得短期贷款，信息不对称程度低的企业则更有可能选择长期借款（肖作平，2005；Rajan & Zingales，1995），因此相对于短期借款，企业向银行长期贷款时需要提供更多的信息或抵押担保，银行在长期借款的过程中需要消耗更多的监督成本来规避企业的违约行为（江伟和李斌，2006）。另外，企业的治理方式对于其债务期限结构也会产生影响，如管理者的过度自信同企业的债务期限结构正相关（余明桂等，2006）。

针对制度因素影响企业债务期限结构的研究主要始于拉詹和津加莱斯（Rajan & Zingales）在1995年的研究，他们通过对比不同国家的企业债务期限结构的影响认为可从制度的角度着手探索这种差异的由来。自此制度因素作为影响企业债务期限结构的外部因素，其作用逐渐在研究中获得体现，制度因素既包含正式制度因素也包含非正式制度因素。正式制度因素如关于债务合约履行的法律、法规，完备并获得有效推行的合同法规能够增强契约的顺利兑现，因此企业在此时能够获得更多的长期贷款，相关法律制度有所欠缺时，出现借债不还现象的可能性会更大，企业获得更依赖履约机制的长期借款的可能性越低。再如税收制度对企业债务期限结构的影响，考虑债务的避税功能，面对不同的税收制度，企业会调整其债务融资策略和债务期限结构。然而除却正式制度之外，非正式制度作为替代机制或弥补因素同样在企业债务期限结构中存在重要影响，基于履约机制的分析，声誉机制作为一种非正式机制会影响企业的长期贷款获得情况，这是基于声誉机制在企业信贷过程中的担保作用而实现的。企业的社会关系作为非正式制度因素对企业的债务期限结构产生影响。

基于前面的文献梳理，银行关联和政治关联作为非正式制度因素对企业的信贷融资产生影响，我们已经分别梳理了银行关联和政治关联对于企业信贷融资影响的文献，并根据不同的被解释变量的选择进行了分类整理，在此我们不再进行重复，根据前面的整理在表2-1中进行展示。

因此，企业的债务期限结构常作为被解释变量进行分析，作为企业的银行关联和政治关联对企业信贷融资影响的一种表现，同时银行关联和政治关联作为非正式因素成为除企业的自身特征、企业所面对的法律和制度环境之外的重要影响来源。控制企业的其他因素时，政治关联和银行关联对于企业债务期限结构的影响主要是通过强化企业的履约机制实现的。

表 2-1　银行关联、政治关联对企业债务期限结构的影响研究梳理

解释变量	被解释变量	调节变量	研究结论	文献信息
政府干预	债务期限结构	市场化程度	市场化程度越高的地区,政府干预的程度越高,因此企业的债务期限结构越大	(孙铮等,2005)
政治关联	债务期限结构	无	在泰国具有政治关联的企业能够通过较少的抵押获得更多的长期贷款,提高债务期限结构	(Charumilind et al., 2006)
政治关联	债务期限结构	企业所有制	企业家政治关联与企业债务期限结构正相关	(李健和陈传明,2013)
中央政治关联、地方政治关联	债务期限结构	企业所有制	地方政治关联比中央政治关联更有可能发挥资源优势,正向影响企业的债务期限结构	(李健和陈传明,2013)
银行关联	债务期限结构	金融生态环境	银行关联有助于民营企业获得更多的长期贷款	(邓建平和曾勇,2011)

第九节　高新技术企业融资特点的相关研究

首先本书涉及的高新技术企业为上市企业,其第一个融资特点符合我国上市公司融资所具有的一般规律。上市企业的融资方式主要有内部融资和外部融资两种。企业内部融资主要是指企业获得的利润留存和折旧。外源融资包括股权融资和债务融资。企业的内源融资依赖于企业的原始积累和经营状况,因而能满足的融资需求是有限的,但同时由于只与企业的内部资源处理相关,因此相对于外部融资方式的实现成本低,并且受到企业的自主支配。企业的外源融资能够满足企业的大规模融资需求,主要有股权融资和债务融资两种实现方式。股权融资

是企业直接从资金的所有者手中筹集资金，通过出让企业的部分所有权实现融资需求。债务融资是一种通过金融中介组织而达成的间接融资行为，企业按照债务契约获得对资金的使用权，并在债务有效期限内按时支付相应的资金使用成本，如银行的贷款利率，而且债权到期之后需要将本金归还给债主。

与内部融资相比，企业外部融资能够为企业提供大规模的资金，但是外部融资的获得需要企业耗费更多的成本，甚至是沉没成本。如果是股权融资，企业有时为了获得融资需要让渡出企业的部分所有权或管理权。我国上市企业的债务融资主要的实现方式是向银行进行贷款和发行企业债券。我国的债券市场发展尚不完全，在债务融资中所发挥的功能也因客观环境和制度的发展而受到限制（倪铮和魏巍，2006），我国的债务融资主要依靠从金融中介机构进行信贷融资，而银行贷款仍然处于最主要的地位。

此外，高新技术企业在技术创新方面具有独特的禀赋特征，拥有其他企业遥不可及的创新人才资源和技术力量，在核心技术的掌握、突破和专利技术的持有上是全部企业的排头兵。高新技术企业同样面临着来自企业内部的融资和来自企业外部的股权融资和债务融资，高新技术在固定资产持有、研发活动在企业发展中的关键作用等方面的特点决定了其融资结构。高新技术企业具有技术创新方面的优势，从企业的发展战略来看，选择产品差异化战略而非低成本战略，不同的战略选择会造成企业产生不同的融资结构，而且选择创新来实现企业发展与低水平的负债相对应，如果采用低成本战略提高企业竞争力则更容易获得债务融资。究其原因，与企业拥有的资源禀赋结构直接联系，在以创新活动为主的企业中，人力资源和研发资金等资源是创新活动的主要战斗力，但是这些资源在转移利用方面的灵活性较小而且存在着特别不确定的未来价值，投资者难以通过市场信息来做出风险估计（Hall，2002），因此导致债权人不愿将资金投入到这类无形资产相对居多的研发型企业中（钟田丽等，2014）。

由于高新技术企业的未来收益难以保证，股票融资比债务融资更适合其发展（Mueller & Reize，2013）。因此，研发活动的融资往往面临着更高的融资成本和更强的融资难度，企业在为研发活动进行融资时面临着严重的融资约束，银行在选择投资对象时更倾向于具有有形和可重新配置资产的企业，因为一旦企业破产或项目失败他们可以清算资产来弥补其损失（Hottenrott & Peters，2012）。由于创新活动的特殊性和复杂性，投资者难以判断其潜在的价值，企业自身出于竞争的原因不会向其潜在的投资者透露更多的项目细节，致使其融资需求得不到满足（Canepa & Stoneman，2007）。我国的企业研发活动在外部融资中更多地通过股票融资而非债权融资实现研发资金的需要（卢馨等，2013）。并且不同的融资来源对于企业的创新驱动作用效果也不同，企业的融资活动本身就是受到限制的，这种限制直接影响了企业的融资取向，当面临在融资市场中被各种因素严重束缚的现实，企业在选择投入到研发活动中的资金时也倾向于使用股权融资而非债务融资，产生这种现象的部分原因是股权融资的可持续性和债务融资需要定期归还的特点。

不同于以往在发达国家获得的研究结论，我国的企业研发活动与其外源融资情况而非内源融资显著相关，但是在我国由于推动自主创新的宏观经济政策的引导，政府补贴也是企业进行研发活动的一种重要投资来源，研究表明政府补助对于企业创新投资的提高具有显著的影响，股权融资紧随其后，债券融资次之。而且由于政府补助通过降低企业的创新成本对于企业创新活动的正外部性造成的技术外溢是一种补偿机制，相对提高了企业创新活动的回报率，从而能够促进企业将其他融资渠道获得的融资投入到创新活动中。具体而言，政府对企业研发补助的增加可以显著调节企业的创新投资与其债务融资之间的关系（李汇东等，2013）。

对高新技术企业的融资条件进行总结可分为两点：第一，高新技术企业的投资尤其是研发投资具有高风险、收益不确定的特点，然而这项投资又是高新技术企业比例最高的部分，投资项目的事前认定和投资过程的监督对于信贷合同的履行效果非常重要，因此借贷双方的信息不对称程度是高新技术企业能否获得融资支持的要点。第二，高新技术企业能够获得的税收优惠和政策补贴能够为企业提供资金支持（李汇东等，2013），从某种程度上可以降低债权人的风险。另外，基于我国的经济转型时期的特点，政府的经济政策鼓励创新、支持创新，因此扶持高新技术企业的发展是对国家战略的实践，具有高新技术属性的企业更容易和政府官员发生联系，这与后者在绩效上的追求密切相关。

总的来说，基于对我国不同规模企业的创新融资分析，现有的研究表明高新技术企业对于债务融资的重视程度相对较低，是由其自身的禀赋条件和其面临的残酷的融资约束现实共同造成的。以往的讨论多是从这两个方面来探索高新技术企业在改善其信贷融资现状的策略，对于非正式制度在高新技术企业融资活动中的影响机制探索相对欠缺。创新过程中严重的信息不对称提高了债权人对于高新技术企业的资金使用活动的监督难度，而政治关联和银行关联对于信息不对称都具有改善效果，因此将这两种因素引入到对高新技术企业的信贷融资情况分析中也许会有不同的发现。

第十节 文献总结

结合所有文献的研究内容，对于同本书相关的分析银行关联和政治关联对企业信贷融资影响的新近重要参考文献归纳为表2-2。

表中所列文献通过检索以及文献追踪获得，针对政治关联的文献，中文文献使用关键词"政治关联"或"政治网络"，后者的使用很少，外文文献使用关键词"political connection"；针对银行关联的文献，中文文献使用关键词"银行关联"或"金融关联"，外文文献使用关键词"bankers on board"。并进一步根据文献进行引用文献和引证文献的追踪以确保不遗漏相关文献。表2-2主要呈现的内容是现有的针对银行关联和政治关联的研究在组织层面和个人层面的分布，并通过具有代表性的文献来进行说明。根据前面的文献分析，表中的文献总结主

第二章 银行关联和政治关联对企业信贷融资影响的文献综述

要研究内容中的第一行和第二行分别为基于组织层面和高管个人层面的政治关联文献；第三行和第四行分别为基于组织层面和高管个人层面的银行关联文献；第五行和第六行为综合分析了银行关联和政治关联的文献。通过表2-2中的内容可以发现在不同的层面单独针对银行关联和政治关联的研究都比较丰富，也存在基于不同的层面同时对政治关联和银行关联两个非正式制度因素对企业信贷融资影响效果的分析，但迄今为止该类研究的数量甚少，通过以上文献搜集方法我们只寻求到了三篇相关文献。

表2-2　　　　　　　　　　银行关联和政治关联文献总结

研究内容	主要代表文献
组织层面政治关联基于所有权性质的划分：一般研究认为国有企业具有天然的组织政治关联；相比之下，民营企业的私有产权性质不具有组织层面的政治关联	中文（白俊和连立帅，2012；方军雄，2010；李广子和刘力，2009） 外文（Cull & Xu, 2005；Song, 2014）
高管政治关联基于高管的社会资本的划分：具体的划分标准不同，如国外以高管支持的政府官员是否竞选成功，或企业的高管成员是否位列富豪榜的前五位等标准进行判别；基于中国的研究以企业高管成员的政府任职经历进行判别	中文（郭牧炫，2013；李健和陈传明，2013；李维安等，2015；毛新述和周小伟，2015；于蔚等，2012） 外文（Claessens et al., 2008；Li et al., 2008；Song, 2015；Yang, 2014）
组织层面的银行关联基于银企之间相互持股的划分：银行和企业之间具有持股关联	外文（Lu et al., 2012）
高管银行关联基于管理者或董事会成员的任职信息进行判断，如外文文献中的"banker-sonboard"（银行家在董事会就职），中文文献中基于企业高管的银行就职或兼职情况进行判断	中文（邓建平和曾勇，2011；翟胜宝等，2014；郭牧炫，2013） 外文（Dittmann et al., 2010；Mitchell & Walker, 2008；Sisli-Ciamarra, 2012）

续表

研究内容		主要代表文献
同时将银行关联和政治关联纳入讨论的研究	基于组织层面的银行关联和政治关联展开，即所有制政治关联和持股银行关联	外文（Lu et al.，2012）
	基于高管层面的银行关联和政治关联展开，研究只在民营企业展开，并且对政治关联的描述较为粗糙，不存在全样本和分样本的对比分析，也没有进行基于金融发展程度的讨论	中文（唐建新等，2011；祝继高，2015）

由于本书关注的是个体层面的政治关联和银行关联对企业信贷融资的影响，因此我们通过表2-3对该领域的实证研究进行概括展示，主要包含研究中解释变量、被解释变量的选择，所获得的研究结论，以及是否在控制了银行关联或政治关联之后对另一项进行研究。

通过表2-3的梳理，可以发现，绝大部分研究结论是在未控制银行关联或政治关联的情况下获得的。由此，在以上文献整理的基础上，对信贷融资影响研究的现状进行总结，并指出现有研究的不足之处。

表2-3 个体层面的银行关联和政治关联的实证研究进展

解释变量	被解释变量	研究结论	是否控制银行关联或政治关联	文献信息
政治关联	债务期限结构	企业家政治关联与企业债务期限结构正相关	未控制银行关联	李健和陈传明，2013；Charumilind等，2006

第二章　银行关联和政治关联对企业信贷融资影响的文献综述

续表

解释变量	被解释变量	研究结论	是否控制银行关联或政治关联	文献信息
中央政治关联、地方政治关联	债务期限结构	地方政治关联比中央政治关联更有可能发挥资源优势，正向影响企业的债务期限结构	未控制银行关联	李健和陈传明，2013
银行关联	债务期限结构	银行关联有助于民营企业获得更多的长期贷款	未控制政治关联	邓建平和曾勇，2011
政治关联、银行关联	银行借款数量	具有银行关联的企业能够获得更多的银行贷款	控制政治关联	唐建新等，2011

第一，信贷影响因素分析的现状。银行和企业是信贷过程中的两个主要参与者。对于信贷的影响因素分析的所有研究都可以概括为从银行配置的视角和从企业申请贷款的视角两个方面。银行进行信贷配置的过程是通过衡量其风险和收益而做出的决定，企业申请贷款的成败来自信息不对称程度和财产权的保护。对信贷配给现象的认识和不断深入的分析是从银行的角度来剖析信贷配置过程中的影响因素，对企业融资约束的探索是从企业的方面来探究影响信贷可行的因素，看似从两个对立面展开的分析实则是在探讨同一个问题，二者的发展方向统一于对非正式机制的分析中。

第二，不足之一是大部分文献将政治关联和银行关联完全割裂开分析。非正式机制在信贷市场中尤其是在新兴经济体中的重要作用不断获得肯定，对于其运行机理的探索成为当前研究的热点，政治关联和银行关联作为两种较为常见和普遍的非正式机制常被割裂开分析，以往的研究往往只关注其中之一，同时对另一个完全忽略，这在理论方面和研究操作上都是有失妥当的。从理论上分析，银行关联作为银行与企业之间的直接联系对于缓解双方的信息不对称具有不可替代的作用，政治关联则有助于实现对企业的庇护，使企业免遭或少遭政府官员的个人官僚主义伤害从而保护其财产权。信息不对称和财产权的保护在融资理论中是互补的两个方面（Myers & Majluf, 1984），需要同时纳入考虑。从研究过程的操作上，基于理论分析银行关联和政治关联从不同的方面影响信贷融资，若在进行政治关联对信贷的影响分析时，不对银行关联进行控制，那么也许获得的看似成立的研究结论可能会是源于潜在的银行关联，即研究可能存在内生性的问题，反之亦然。

第三，不足之二是针对银行关联、政治关联对企业债务期限结构的影响的研究内容比较单薄，在分析银行关联和政治关联的作用机制时缺乏系统的理论支撑，并且尚未展开同时将银行关联和政治关联作为重要的非正式制度因素纳入探讨的研究，对银行关联和政治关联作用的微观机理也有待进一步探索。政治关联和银行关联对企业信贷融资造成影响的路径需要做细致分析，银行关联和政治关联对企业债务融资的影响可能会受到企业自身属性或产业政策的调节，在该方面的研究还有待拓展。

第三章　银行关联和政治关联的界定、研究框架和假设推演

第一节　所有制情境和信贷市场竞争程度情境的界定

企业作为信贷过程中的资金需求者是本书的主要对象，为了研究政治关联和银行关联在信贷市场中的运行机制，将企业按照所有权性质进行划分，尤其在中国这种新兴市场国家，国有企业和民营企业的资源禀赋具有与生俱来的差别（Lu et al.，2012），而且这种差别相对稳定，两种企业与政府的联系是相对稳定的，即使在对国有企业进行改制之后也没有根本地改变这种差异。制度和金融市场发展水平中的政治关联具有不同的表现，在制度发展落后和金融市场欠发达的地区企业政治关联的现象更为普遍（Faccio，2006）。并且政治关联对于企业的信贷融资情况的影响在落后的法治环境中和低水平的市场发展水平下有更好的表现（Li et al.，2008）。

已有的文献在对银行关联和政治关联进行分析时将企业按照所有权类型和所处地区的金融发展水平进行划分的总结如表 3-1 所示，包括对不同的划分方式中的划分标准和对应的文献。对于调节银行关联和政治关联对信贷资源配置影响过程的金融发展的判断尚未形成统一的认识，在已有的文献中，有的学者将民营企业在市场中的贡献高低作为评判标准，使用在民营企业中的就业人数占社会总就业人数的比率和民营企业的固定投资额的比率作为衡量指标（Li et al., 2008）。在我国，樊纲等从 1997 年开始陆续编著出版了中国不同省份的逐年的市场化指数报告，从政府与市场的关系、产品市场发育程度、非国有经济的发展、要素市场发育程度和市场中介组织发育和法治环境五个方面构建指标体系进行计算，获得市场化指数（樊纲等，2011），该系列报告最新能够获得的是 2011 年的各地区市场化指数报告，许多文章将其作为中国不同地区市场化程度的重要指标，依据其划分对比在不同地区的政治关联和银行关联对于企业的信贷融资状况的影响差异（孙铮等，2005）。

单纯针对金融市场的研究中，对金融市场化程度的测量方式有许多系统化的手段。这些测量方法是从多维度出发对金融市场的市场化程度进行全面的测量，例如从信贷管制、国有银行的私有化等方面设置虚拟变量进行分析，并将不同方面的测量结果加总（Laeven, 2000）；从银行所有权、证券市场化等方面进行虚拟变量设置，并利用主成分分析确定不同方面的权重，然后将变量取值乘相应权重再相加（Morley et al., 1999）；从利率市场化程度、信贷自由权维护等方面构建指标分析我国的市场化进程（陈宗胜等，1999；黄金老，2001；刘毅和申洪，2002；周业安和赵坚毅，2005）。在进行政治关联和银行关联对企业的信贷融资状况影响分析时，对市场竞争程度的考虑往往采用简单的或是现成的指标，由于樊纲的市场化程度指标在2011年以后缺乏数据，因此本书无法采用。

表 3-1　　　　　　　　　企业的划分方式

划分方式	划分标准	相应文献
企业所有权性质	是否为民营企业	Hayand Shleifer（1998），Chen（2011）；Baiand Lu（2006）；等等
企业所处地区的信贷市场竞争程度	市场化进程指标中银行业竞争指标：非国有金融机构吸收存款占全部金融机构吸收存款的比例（樊纲等，2001）	孙铮、刘凤委和李增泉（2005）等
	信贷市场集中化程度，采用赫芬达尔—赫希曼指数（Hirschman，1964）	刘志彪、姜付秀和卢二坡（2003）；姜付秀和刘志彪（2005）

借鉴以往的研究思想，出于信贷市场竞争程度指标使用目的的考虑选择市场集中度作为信贷市场竞争程度衡量的单一指标。另外由于国家对于异地信贷具有严格控制，在中国人民银行发布的贷款通则第十章的贷款管理特别规定中第五十九条明确规定"贷款人发放异地贷款，或接受异地存款，应当报中国人民银行当地分支机构备案"。因此不同地区的金融市场相对封闭，中国人民银行每年发布地区金融运行报告是针对中国各省、直辖市而独立分析的，本书中不同地区信贷市场集中度计算时依据中国人民银行进行地区金融分析的地区划分，并使用

不同地区报告中的数据进行信贷市场集中度计算。在产业组织理论中，认为市场集中度是决定市场结构的首要因素，市场竞争的状态随市场集中度的变化而变化（Bain，1968）。赫芬达尔—赫希曼指数（HHI）作为市场集中度的衡量方法在经济研究中的应用较为广泛，其计算公式为：

$$HHI = \sum_{i=1}^{N} (X_i/X)^2$$

公式中，X为市场的总规模，X_i为i企业的规模，$S_i = X_i/X$为i企业的市场占有率，i为该产业内的企业数，HHI的值越高表示该产业的垄断程度越高，竞争程度越低（姜付秀和刘志彪，2006）。本书中依据赫芬达尔—赫希曼指数的取值将不同地区以HHI的平均值为界，将信贷行业HHI的取值高于以及包含平均值的地区划分为低信贷市场竞争程度的地区，将信贷行业HHI的取值低于平均值的地区划分为高信贷市场竞争程度的地区。

综合以上内容，本书中的所有制情境是指企业的所有权性质的差别，本书中的信贷市场竞争情境是指企业面临的信贷市场竞争程度的差异。本书中的所有制情境差别将企业按照所有权性质划分为民营企业和国有企业，由于本书选择的是上市公司，在进行数据收集时，国有企业是指控股单位为国家机构或事业单位的企业，民营企业是指控股权为个人或家族的非国有控股企业。信贷市场竞争程度的差异将企业按照所面临的信贷市场集中度的大小划分为高信贷市场竞争程度地区的企业和低信贷市场竞争程度地区的企业。

第三章 银行关联和政治关联的界定、研究框架和假设推演 | 81

第二节 研究范围的界定和研究框架

一 研究范围和主要变量的界定

本书的研究范围是新兴经济体国家中企业的个体层面的银行关联和个体层面的政治关联对企业的信贷融资中的债务期限结构即长期借款占借款总量的比例所体现出的影响。选择新兴经济体国家开展非正式机制的研究是该类研究的一般原则，这是因为完善的法律体系、健全的制度环境和发达的金融市场可以保证企业的外部融资需求获得满足，依赖外部融资进行发展的企业能够更好地促进经济的发展。然而，在新兴经济体国家中，以上三个要求均不满足，但是这些国家的经济增长率却处于世界领先水平，企业仍然可以获得良好的发展，因此对于这些国家中存在的非正式机制的探索成为揭开新兴经济体经济快速增长之谜的探索方向。

对于个体层面的政治关联（以下简称为政治关联）和个体层面的银行关联（以下简称为银行关联）的界定如下。本书中将企业的政治关联按照层级划分为地方政治关联和中央政治关联，企业具有地方政治关联是指企业的主要管理者或股东中有现任或曾任地方人大代表、地方政协委员的人员；企业具有中央政治关联是指企业的主要管理者或股东中有现任或曾任中央人大代表、中央政协委员的成员。人民代表大会是由宪法确立的我国的立法机构，是我国的最高权力机关。人民代表大会制度在各个行政级别都有具体实施，包括中央人民代表大会、省级人民代表大会、市级人民代表大会和乡镇人民代表大会。地方的人民代表大会具有选举地方官员、起草和批准地方法律法规以及在必要时罢免政府官员的权力。全国人民代表大会是全国的最高权力机关，主要行使制定法律法规和选举国家领导人的权力。理论上讲，各级的人大代表都应通过选举产生，但是候选人名单的确定权依旧掌握在政府官员手中，因此政府官员也顺理成章地成为人民代表大会的负责人。中国人民政治协商会议是向党和国家提供咨询建议的团体，主要承担政治协商、民主监督和参政议政的责任。政治协商是对国家的方针政策和经济、文化、社会中的重要问题进行决策之前的探讨并就决策执行中的重要问题进行协商。民主监督是对宪法的实施、国家法制法规的贯彻执行以及国家政府工作人员的工作进行监督。不同于人民代表大会制度，中国共产党对于政治协商会议的控制相对弱一些，任何社会组织和团体都有权利提名候选人，鉴于政协委员的筛选机制，政协委员的背景更加多样，其中的党员比例也没有人大代表高。政协委员中包含了来自社会、文化和商界的诸多精英。

  本书中的企业具有银行关联是指企业的主要管理人员或主要股东中具有现任或曾任银行管理人员。对于本书中的被解释变量债务期限结构，考虑到数据收集的问题，我们采用企业的长期借款占总借款的比例来衡量企业的债务期限结构（Barclay & Smith，1995）。本书将研究局限于企业向银行进行的信贷融资活动，因为研究表明信贷市场仍然是我国企业融资的主要形式，并且债务融资具有抵税功能，能够降低企业的税收负担（Allen，

2005)。企业的债务融资根据其借款期限可以分为短期负债和长期负债（如表3-2所示），短期负债的贷款期限一般在一年以内，不需要强制履约，具有自我清偿的特点，长期债务的借款期限长，债权人需要付出更多的监督成本来规制债务人的还款行为，长期债务更有可能成为银行呆账，因此需要倚靠严格的契约机制（孙铮等，2005）。在市场机制和法律、制度环境尚未建设完全的时期，银行关联和政治关联作为制度因素的补充来影响债务人履约的过程，因此我们选择债务期限结构即企业长期借款占总借款的比例作为被解释变量来反映非正式制度对企业信贷的影响效果。

表3-2　　　　　　　　债务的类型和区别

债务类型	短期借款	长期借款
贷款期限	期限短（一年以下）	期限长
主要特点	自我清偿性	监督成本高 履约机制依赖强
风险程度	违约风险低	违约风险高

二　企业的高新技术属性作为调节变量

选择企业的高新技术属性作为调节变量主要是基于经济增长理论。我国已经从改革开放以来采取从发展重工业和选择资源消耗的粗放型经济中收获了巨大的经济进步，并造成了相应的不可逆的对于生态和经济体系的负面作用。在当下的内部条件和外部环境的基础之上，立足经济增长的现有格局，着眼于经济发展的中长期目标，调整经济增长方式，改变经济发展中的产业结构已经显得十分必要。经济增长的来源主要有两个，即生产率的提高和要素的积累。提高生产率的主要方式有：增加资本积累、提高劳动力质量、改善资源配置效率以及技术进步（斯蒂格利茨和沃尔什，1997）。无论是新古典经济增长模型还是内生性经济增长模型，技术进步都是推动经济增长的重要因素。新古典经济增长模型中的"索洛模型"认为技术进步是经济增长的核心动力，是促进经济增长方式转变的根本途径（Solow，1957）。内生性经济增长模型的研究表明通过企业内部的技术积累进行技术的创新行为，并引致技术进步的过程能够为经济增长提供重要动力支撑（Romer，1986），并且其内在机理已经存在相应解释（Lucas，1988）。不论是原创性的发明还是对已有技术的创新都可以对经济增长产生推动作用，甚至对相关政策的完善和补充也会促进这种经济增长动力的发挥（Deek，2003；Morales，2004）。这些理论研究成果得到了实证支持，基于我国经济数据的实证分析结果同样表明在经济增长的过程中技术进步发挥着不可替代的重要作用（刘华，2002；朱勇和张宗益，2005）。

在"十一五"期间，国家不断致力于加强以企业为主体的技术创新体系的建设，经过五年的时间，企业技术创新的发展成绩斐然，到 2010 年，获得国家认定资格和升级认定资格的企业技术中心分别实现了"十一五"翻倍增加和迅速壮大，分别具有了 792 家和 5532 家的规模。拥有技术中心的企业新产品销售的收益能够达到平均每家企业每年 10 亿元。在"十一五"期间，我国高新技术产业的发展势头良好。依据初步的高新技术产业工业总产值的统计结果，我国以生物技术、航空科技、电子和信息系统以及航空航天设备制造为代表的高新技术产业在2010年创造了比"十一五"初期两倍还多的工业总产值。并且我国高新技术产品不仅表现出了强势的国际市场竞争力，经住了金融危机的考验，而且扩大了在国际市场中的市场份额，实现了进出口贸易额度的大幅增长。根据国家统计局对2009年到2012年每年的高新技术企业的研发活动的统计，大中型高新技术企业在研发经费支出、专利申请数量和技术改造以及技术获取等方面都取得了突破性的进展，经历了四年的变化，专利申请数目和有效发明数目均从2009年的5万多件增长到2012年的约10万件，相应的技术改造和科学研究经费的支出也几乎成倍增长，同时作为科研成果重要来源的企业科研机构的发展也颇具规模，这些成绩和发展成为高新技术企业发挥技术推动作用的强有力的证据。尤其为大中型企业的发展贡献提供了强大的支撑，也对我们选择上市高新技术企业进行实证研究的合理性进行了支持。从高新技术企业的具体能力分析，高新技术企业的专利数量和发明数量的不断增长直接反映了高新技术企业的技术创新能力，表明高新技术企业的技术创新能力在近年来具有显著提高，并且透过对高新技术企业的创新投入能力和创新产出能力两个方面的分析，可见其在创新生产的投入产出比率上有所改进（吴永林和纪雪洪，2014）。因此，综合我国高新技术企业的认定过程和对于高新技术企业已经取得的成果的统计分析都向我们说明了高新技术企业在我国的经济发展中确实是发挥了促进技术进步的作用。

本书中企业具备高新技术属性是指企业类型属于高新技术企业，其判断标准来源于我国科技部的认定。根据科技部的《国家高新技术企业认定管理办法》，高新技术企业认定需要满足以下要求：第一，在中国境内（不含港、澳、台地区）注册的企业，近3年内通过自主研发、受让、受赠、并购等方式，或通过5年以上的独占许可方式，对其主要产品（服务）的核心技术拥有自主知识产权；第二，产品（服务）属于《国家重点支持的高新技术领域》规定的范围；第三，具有大学专科以上学历的科技人员占企业当年职工总数的30%以上，其中研发人员占企业当年职工总数的10%以上；第四，企业为获得科学技术（不包括人文、社会科学）新知识，创造性运用科学技术新知识，或实质性改进技术、产品（服务）而持续进行了研究开发活动，且近三个会计年度的研究开发费用总额占销售收入总额的比例符合相关规定；第五，高新技术产品（服务）收入占企业当年总收入的60%以上；第六，企业研究开发组织管理水平、科技成果转化能力、自主知识产权数量、销售与总资产成长性等指标符合《高新技术企业认定管理工作指引》（另行制定）的要求。

因此，本书的研究范围是按照本书中划分的企业类型分析政治关联和银行关联对企业的信贷融资的影响以及企业的高新技术属性对其影响过程的调节作用。具体的研究内容按以下介绍的研究框架展开。

三 研究框架

根据研究范围和研究主要变量的界定，本书中的研究框架的搭建主要包括三个层级，如图3-1所示。

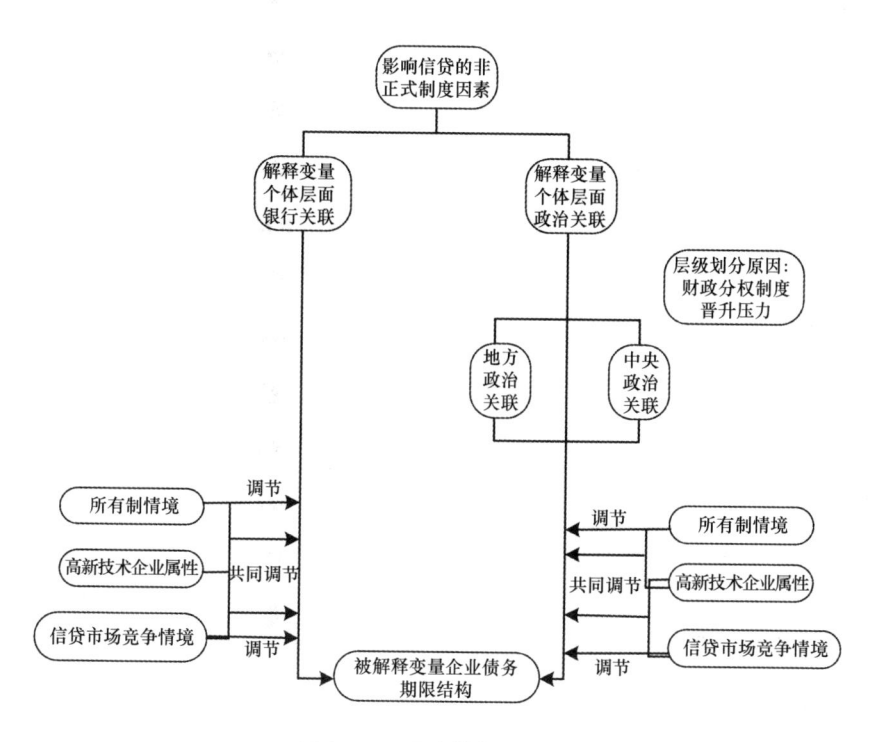

图3-1 研究的框架结构

三个层级具体为：

层级一，银行关联和不同层级的政治关联对企业债务期限结构的影响，需要注意的是同已有研究的差别在于将银行关联和政治关联同时作为两个重要的非正式制度因素纳入探讨，在讨论银行关联对企业债务期限结构的影响时控制政治关联，在讨论地方政治关联对企业债务期限结构的影响时控制银行关联和中央政治关联，在讨论中央政治关联的影响时控制银行关联和地方政治关联。

层级二，在层级一的基础上分析企业的所有制情境效应和信贷市场竞争程度情境效应对银行关联和不同层级的政治关联影响企业债务期限结构所产生的调节作用，本书中按照两种不同的层级进行分样本对比的方式展开讨论，同时考虑对银行关联和政治关联的控制。

层级三，在层级一和层级二的基础上讨论企业的高新技术属性对于银行关联和不同层次的政治关联影响企业债务期限结构所产生的调节作用，本书中高新技术属性的调节作用是基于高新技术属性的影响来分析企业的所有制情境和高新技术属性的共同调节效应、信贷市场竞争程度情境效应和高新技术属性的共同调节效应。

基于不同的研究层次我们进行研究的方式和采纳理论会有所差异，具体内容为：层级一的研究将在全样本下进行分析，主要运用社会资本理论和寻租理论解释银行关联以及不同层级的政治关联对企业债务期限结构的影响；层级二的研究将采用分样本的方式进行分析，在所有制情境效应的分析中主要运用父爱主义理论进行分析，在信贷市场竞争情境效应的分析中主要运用市场失灵理论进行分析；层级三将在层级一和层级二的研究基础上继续采用分样本的方式进行分析，综合运用社会资本理论、寻租理论、父爱主义理论和市场失灵理论进行分析。

第三节　银行关联、政治关联对企业债务期限结构的影响

首先需要明确的是根据银行关联和政治关联对企业的信贷

融资的影响和企业债务期限结构的影响因素分析等相关研究梳理，并结合长期借款和短期借款的特点可以发现，银行关联和政治关联的影响主要是通过对企业履约机制的改变来实现的，基于长期借款对履约机制的依赖性强，短期借款对履约机制变化的反应不敏感，造成履约机制的加强会引致企业债务期限结构变化的结果。本书中的银行关联（bankers on board）界定为企业的高层管理者或主要股东即持股量在前十的股东中有成员现任或曾任银行的管理人员。

银行关联对企业债务期限结构的影响分析如图3-2所示，银行关联对于企业债务期限结构的影响主要可以从以下几个方面进行分析：

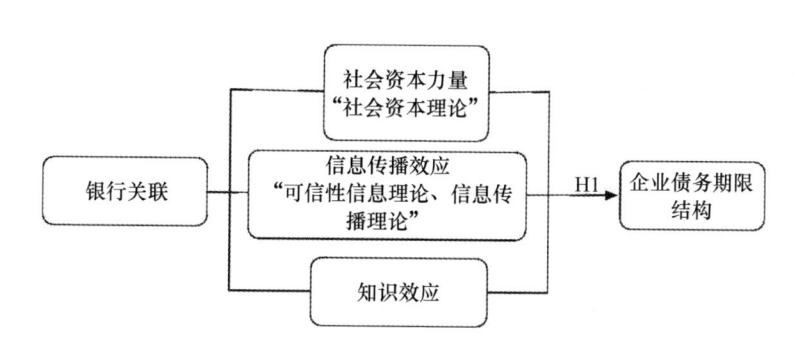

图3-2 银行关联的影响分析

第一，银行关联作为社会资本的力量。首先简单介绍社会资本的理论，并在此基础上分析银行关联的社会资本力量。

社会资本（social capital）理论从20世纪70年代开始受到了来自社会学、经济学和政治学领域学者的普遍关注，学者们对于社会资本概念的探讨也是仁者见仁、智者见智，基于各学科的知识基础和独特视角给出了相应的解释，并就社会资本在经济发展和资源配置中的作用发表见解，基于社会资本理论开展的相应研究成为20世纪90年代以后的一大热潮。对于社会资本概念的界定，按照其立足点是否是不同主体之间构建的联系，可将其划分为外部联系和内部联系两种视角（Adler & Kwon，2002）。

第一类，基于主体与其他社会中的主体形成的联系，同社会网络中的其他主体形成的直接或间接的联系能够为获取市场竞争的胜利而提供解释。从该视角对社会资本进行的界定如：社会资本是社会中的不同要素通过占有某个具体的位置而成为社会网络结构中的一个纽结存在以及其因此所能获取的资源和权利（Bourdieu，2011）；社会资本是源于不同主体在社会中因其与其他主体的关系而获得的用于在市场中追求收益的资源（Baker & Obstfeld，1999）；社会资本是一个社会主体所拥有的能够帮助其获取金融资本和人力资本等其他资本或资源的熟人、朋友等人际关系（Burt，1993）；社会资本的获得需要依赖于一定的社会网络结构，由于个体在网络中所处的位置不同而具有的与之相匹配的获取权利或动用资源的能力（Lin，2000）；社会资本是一个社会主体通过成为社会网络或社会结构的成员而追求利益的能力（Portes，2000）。

第二类，对社会资本的界定从社会主体内部联系的角度进行探讨。不同于第一类定义的出发点，将社会资本定义为是根植于集体内部的个体或团体之间的内部联系结构，并因此提高集体的凝聚力，促使集体目标的实现。社会资本是具有相同特

第三章 银行关联和政治关联的界定、研究框架和假设推演

点的不同实体构成的,其共同点为:其一均是社会网络的构成部分,其二共同促进某些行动的实现(Coleman,1988)。社会资本可以被看作是组织内一种确保成员共同合作的正式价值和规范,出于对组织价值的认同感而联合起来解决组织发展中所遇到的问题,共同追求组织目标而结成的集体内部的联合网络(Putnam,1995)。脱离组织界限与社会资本界定之间的联系,最后一种界定方式是将社会资本定义为囊括个人或组织力所能及的所能动用的现存的或潜在的获取资源的关系结构以及构建该网络结构的信任、规范和信息基础(Pennar & Mueller,1997)。综合不同类别的界定,社会资本是基于信任机制和社会规范所建立的社会网络中存在的、社会中的主体在社会网络中占据不同的位置并与其他主体构建的能帮助其获取资源或争取权利的社会关系。社会资本作为一种资本具有和金融资本、人力资本等其他资本相似的特征,也具备一些独特的性质。

根据阿尔德(Alder)总结,社会资本与物质资本、人力资本和金融资本所具备的共同特征包括:首先,社会资本是一种值得投资的长期资产,可以将其他资源投入到获取社会资本的过程中,并预期这种投资会产生未来收益。其次,社会资本是可以挪用和进行交换的资本。例如,一个人的社会网络中的朋友关系可以用于信息的收集或意见的征求,处于社会网络中的重要位置可以换取经济收益则体现了社会资本的可交换性。再次,社会资本可以作为其他资本的替代或补充。最后,社会资本同物质资本和人力资本一样都需要进行维护。

社会资本所具有的独特性为:其一,社会资本并不仅仅归

属于能够从中获取利益的某个个体，而是作为一种集体所有物品而存在；其二，社会资本存在于主体之间的关系中，而非存在于主体中；其三，为促进社会资本的发展而进行的投资不适合量化测量。当企业中存在银行关联时，根据本书对银行关联的界定，这意味着企业的高层管理者或主要股东具有在银行从事管理工作的经验，因此相关主体同其所工作的银行内的工作人员具有社会关系，根据社会资本理论，这种不同主体之间形成的关系即为社会资本，并且这种社会资本是一种值得投资的长期资产，在企业向银行申请贷款的过程中，通过银行关联而形成的社会资本能够形成对其他贷款需求资源的替代或补充，从而帮助企业增强申请贷款的竞争力，提高获得银行贷款的可能性，降低债权人的风险（Booth，1999）。

第二，银行关联的信息传播效应。根据社会心理学的研究，信息的可信性可以依靠信息发出者的声誉和信息的内容两个方面获得改善（Pfeffer，1972）。根据信息传播过程理论，信息的传播主要包括发送者（source）、信息内容（information）、传播渠道（channel）和接受者（receptor）四项主要因素（Severin & Tankard，2010）。当企业存在银行关联时，信息的传播可以从企业中的关联者向银行中的关联对象进行传播，在银行贷款的实现过程中，信息在合约达成之前银行对企业的考察，以及合约进行中银行对企业的监督都至关重要。基于银行之间的信息传播，能够依靠关联者之间的信任机制来提高信息的可信性，改善银行和企业之间的信息不对称。在信息传播的过程中，关联者能够为借贷双方提供不同的价值，首先按照声誉机制的内容，关联者的声誉依附于该个体，当其工作单位从银行转变为企业时，他在原单位的声誉能够帮助企业增加企业信息的可信性，尤其在注重信用和声誉的金融领域，管理者的好信用和声誉会直接影响银行对企业履行债务合约的判断（Kaplan & Minton，1994）。另外，同时在银行任职的企业管理者或股东能够承担对债务人进行监督的责任，由于在银行中具有职位，因此银行的业务情况直接关系到其自身的利益分配，这种利益相关性形成关联者对债务契约监督过程的自我激励（Hoshi et al.，1991；Myer，1977），因此由关联者对债务人进行监督能够向银行传达更为可信的信息，提高银行对风险的管控能力。综上可知，银行关联的信息效应能够改善债务人和债权人之间的信息不对称情况，加强外部履约机制的效力，使企业更有可能获得对外部履约机制依赖性强的长期借款。

第三，银行关联的知识效应。银行关联的存在说明银行的高层管理者或主要股东具有从事银行管理工作的经验，那么关联者是金融领域的专业人士，具备金融工作的专业知识和实战经验，可以为企业财务管理工作的展开和融资工作的进行提供知识支持（Fama & Jensen，1983）。具体到企业银行贷款的申请上，关联者的银行管理工作经验赋予其对银行贷款的申请过程、侧重点以及申请材料的准备方面的掌控能力，而且凭借其对于金融领域的了解和多年工作经验的积累，能够帮助企业拟定银行贷款的申请方案、决策银行贷款的申请时机，从而提高企业成功获得银行贷款的概率，以及成功获得有利于企业可持续发展的长期借款的机会（Rosenstein & Wyatt，1990）。

因此，我们认为当企业的其他条件相同时，具有银行关联能够产生对企业债务期限结构的影响，提出假设：

假设1：银行关联能够正向影响企业的债务期限结构。

本书中将企业的政治关联（political connection）界定为企业的高层管理者和主要股东中有成员为现任或曾任的人大代表、政协委员。并进一步按照行政级别的不同将企业的高层管理者或主要股东具有在企业所在的省级或市级担任人大代表、政协委员的经历认为企业具有地方政治关联；将企业的高层管理者或主要股东具有在中央或国家级别担任人大代表、政协委员的经历认为企业具有中央政治关联。我们认为不同层级的关联对企业债务期限结构的影响不同，接下来我们分别分析企业的地方政治关联、中央政治关联对企业债务期限结构的影响。

政治关联的不同层次对于企业信贷融资的影响会存在差别的主要原因是财政分权的改革使得地方政府具有了部分自主进行财政决策的权利，中央政府和地方政府之间的财政权利和责任有了更为明显的界限，调整了财政收入和财政支出在不同层级政府中的比例。分税制改革使得地方财政收入占全国财政收入的比例降低了两成，然而财政支出却并没有相应地降低，根据2001年的世界银行的统计数据，中国的公共财政支出只有三成发生在中央，其余全部发生在地方，并且相应支出的一半以上是由省级和市级等地方单位承担（李健和陈传明，2013）。因此地方政府面临收支的严重失衡，导致其需要承担巨大的财政压力，为了对这种失调进行改善，地方政府具有更多的动力去增加地方的财政收入，实现这一目标的主要途径是改善企业的经济效益来获得更多的税收。改革开放以来,国家对经济的发展前所未有地重视,经济的发展和增长成为各级领导干部政绩考核的重要标准,因此在官员的考核和晋升体系中地方的经济总产值常被用作评价体系中具体的测量指标(周黎安,2007)。出于晋升的压力地方官员进一步倾向于介入企业经营和金融市场活动来实现经济的产值目标,为了保护作为税收来源的当地企业,使这些企业有能力为政府缓解就业等社会压力,地方政府官员通过干预国有银行的贷款支持来形成对企业的预算软约束(Bai et al., 2004)。出于地方财政和官员自身竞争的双重压力,地方政府官员更有动力为企业争取财政补贴、银行贷款和税收优惠等利益(黎凯和叶建芳,2007)。

地方政治关联和中央政治关联对企业债务期限结构的影响如图3-3所示,下面展开具体分析。地方政治关联对企业的债务期限结构产生影响的主要途径是:

第一,地方政治关联形成对企业财产权的保护支持。目前我国的法律环境尚且不能完全避免政府官员的个人官僚主义行为,所谓官僚主义是指将所在的政府部门作为实现个人利益目的的手段(德鲁克,2006)。企业具有地方政治关联说明,其一,企业的高层管理者或股东具有地方政府官员的社会关系,基于这种社会关系赋予企业相应的社会资本;其二,企业的高层管理者和股东都是企业的密切利益相关者,具有以上的政治关联意味着企业高管和股东被赋予了一定的政治权利。根据社会资本理论,社会资本是基于信任机制和社会规范所建立的社会网络中存在的、社会中的主体在社会网络中占据不同的位置并与其他主体构建的能帮助其获取资源或争取权利的社会关系。因此，企业的地方政府关联涉及的关联对象所形成的社会资本能够帮助彼此争取想要的利益。

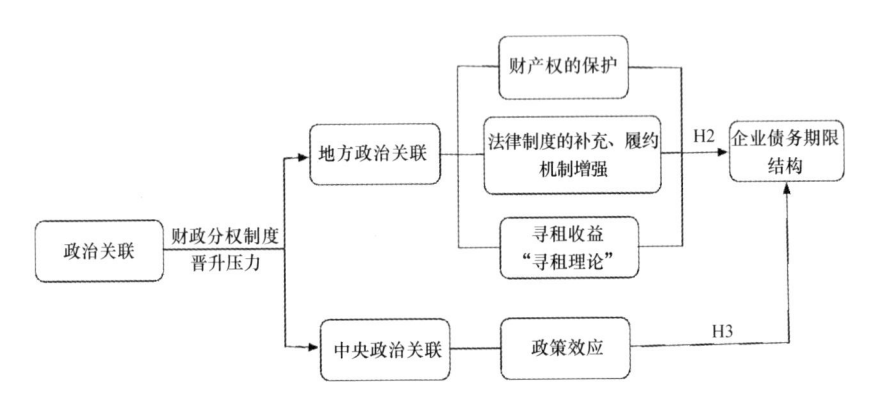

图 3-3　政治关联的影响分析

一方面，我国宪法赋予了人大和政协许多重要的权力，政府官员也乐于与其中的政治团体或个人建立密切的联系从而形成支持其政治生涯不断发展的动力。另一方面，基于企业的地方政治关联所形成的社会资本能为企业的经营带来许多益处，在以国家力量为主导的经济体系中，企业家如果作为人大代表或政协委员能够使企业获得一些无法从市场渠道获得的资源，最主要的是这种社会资本能够形成企业的保护伞来规避官员个人以官僚主义的行为攫取企业资源，避免企业受到过度监管和歧视。因此，企业具有地方政治关联能够稳定企业的偿债能力，降低长期贷款中企业的财产因个人官僚主义行为而产生的变数，从而有利于企业获得长期银行贷款。

第二，补充法律机制的不足，加强履约机制。由于缺乏对

第三章 银行关联和政治关联的界定、研究框架和假设推演

债务契约形成有效约束的法律制度，银行在向企业提供长期借款时不存在具有强效约束力的履约机制来保护债权人的权利，从而使银行因对风险的顾虑而审慎地进行长期贷款的发放。当企业具有地方政治关联时，由于是在企业所在地区产生的关联，因此地方政治关联效应的发挥具有区位优势和便捷性。地方政治关联通过补充法律制度的欠缺而对企业债务期限结构形成影响主要表现在两种契约关系中：第一种，企业和企业之间的契约关系。由于合同关系处理不善而使企业之间产生经济纠纷的事件屡见不鲜，但此类经济纠纷的解决可以通过政府部门的调解来替代法律部门实现妥善解决，因此具有地方政治关联能够帮助企业在处理经济纠纷时获得合法的保护，降低因此类事件影响企业财产权保护的情况发生的可能性，降低因此造成的企业债权人风险，有助于企业获得银行长期贷款。第二种，企业和银行之间的契约关系。当法律机制不足以形成契约实现的约束力时，银行会从企业的信用和声誉来判断其违约风险，根据社会资本的理论，社会资本是基于信任机制和社会规范所建立的社会网络而存在的，通过地方政府关联而产生的企业和地方政府官员或组织之间的社会资本力量是基于关联者彼此之间的信任机制产生的，社会资本力量的影响源于不同的主体在社会网络中的不同位置而帮助他人获取资源或竞争胜利的能力。因此，地方政治关联所涉及的政府官员或组织在银行中的信用和声誉会影响到银行对企业的声誉评价，从而形成声誉支持来降低银行对债务契约违约风险的预测，提高企业获得长期借款的可能。

第三，地方政治关联带来的寻租收益。根据寻租理论，寻租活动的产生是政府的政策和制度限制的结果，是政府活动有意或无意对市场中资源配置产生影响，并且这些政府干预能够带来额外收益，从而引发企业寻求更多额外收益的寻租行为。地方政府能够对资本配置产生影响的干预行为主要有两种：一种是对国有银行贷款决策的影响；另一种是向企业提供政府补贴等制度性的财务支持（李健和陈传明，2013；余明桂和潘红波，2008）。可见政府以上干预行为能够为企业带来额外收益，因此激发企业向地方政府寻租的行动，具有地方政治关联可以帮助企业寻租形成的实现，从而获得相应的额外收益。因此，从寻租的视角，地方政治关联可以使企业在寻租活动中更具竞争力，获取额外收益从而增强企业偿还贷款的能力，降低债权人对债务人违约的担忧，有利于企业获取更多的长期借款。

中央政治关联对企业债务期限结构的影响主要体现在政策效应上。作为另外一种企业政治关联的形式，企业具有中央政治关联意味着企业的高层管理者或股东具有担任中央人大代表或政协委员的经历，基于该种经历企业的高层管理者或股东能够同在中央政府机关就职的政府官员发生社会关系从而获得社会资本。不同于地方政府官员所面临的财政压力和晋升需求，中央政府在财政分权实施后财政收入有所增加，并且中央政府作为国家经济政策的制定者明确指出要促进市场经济体制的发展，降低政府对市场的干预程度，推进金融市场的改革，增加企业的直接融资比例等改革目标。因此基于社会资本理论，中央政府官员会基于其在社会网络中所处的位置来对企业的资源配置产生影响，具体来说或作为经济政策的制定者影响企业的行为来促进经济改革目标的实现，因此具有中央政治关联会将政策影响带给企业，使企业增加直接融资如股权融资的比例，降低债务融资的比例。另外，考虑到具有中央政治关联的企业具有实力雄厚、资金充足的特点，企业会选择导致其控制权丧失更少的融资方式，相对于短期融资，企业的长期借款会使企业长期接受银行的监管，造成企业管理者控制权的丧失，因此企业首先会减少长期借款这种间接融资方式。

因此，我们认为具有地方政治关联能够从财产权保护、补充法律机制对契约的约束欠缺和帮助企业获得寻租收益三个方面来提高企业的偿债能力，强化债务人的履约机制从而帮助企业获得更多的长期借款。而中央政治关联会对企业的债务期限结构形成政策效应。故提出假设：

假设2：地方政治关联能够正向影响企业的债务期限结构。

假设3：中央政治关联能够负向影响企业的债务期限结构。

下面分别借鉴李健和陈传明、余明桂和潘红波的做法，分析企业的所有制和所面临的金融环境对银行关联和政治关联作用效果的情境效应（李健和陈传明，2013；余明桂和潘红波，2008）。

第四节　企业所有制的情境效应

基于企业所有制的不同造成的企业银行关联和政治关联作用效果的改变是由于民营企业和国有企业的产权性质的区别以

及由此引发的一些特点的不同，企业的所有制能够对其银行关联和政治关联对企业债务期限结构的影响造成差异的原因主要有：

第一，国家对企业的父爱主义行为不同造成国有企业和民营企业的贷款支持差别。首先我们介绍父爱主义理论的基本内容，继而借鉴该理论分析国家对国有企业和民营企业所给予的不同的父爱主义行为。

父爱主义（paternalism）理论是一个法学理论，来源于拉丁语 pater，具体是指类似于父亲对待孩子的行为方式（孙笑侠和郭春镇，2006）。在法学领域对于"父爱主义"的实施原则具有激烈的探讨，学者对于父爱主义行为持有不同甚至是完全对立的态度。密尔（Mill）认为，仅仅基于当事人肉体或精神上的利益不受侵害的理由而通过权力干涉其个人行为是不合理的，除非被干涉的行为会对其他人造成伤害（Mill & Alexander，1999）。而不同的观点则认为对于个人的行为进行家长式的干预能够帮助当事人合理有序地过生活，因此父爱主义行为的实施是有必要的（Dworkin，1972）。另外还有学者界定了父爱主义行为实施的边界，只有当会对自身造成伤害的行为是违背当事人的个人主观意愿时，父爱主义行为的干预才能够被接受（Feinberg，1971）。根据是否违背了当事人的主观意愿将父爱主义划分为硬父爱主义和软父爱主义。硬父爱主义是对具有自主行为能力的成年人进行行为干预来避免其遭到伤害和损失，即使这种干预违背了当事人的意愿（Feinberg，1986）。硬父爱主义剥夺了参加者根据自己的意愿做出决策的权利，即使这种干预是出于对参与者的保护,但这种强硬的干预形式难于被更看重自主决策权利的学者接受。例如,未成年人认为抽烟会使自己的个人外表看上去更加的帅气,因此选择抽烟,但是年长的成年人会基于抽烟不利于身体健康的理由而不支持未成年人吸烟,因此父母强行禁止未成年人抽烟的行为违背了未成年人本身的意愿,是一种硬父爱主义的行为。

相比之下,软父爱主义首先尊重了当事人的主观意愿,其干预是对当事人由于经验缺失、信息不充分和推理判断不准确可能造成的伤害进行干预或限制,软父爱主义的干预是为了改善参与者的决策质量,对其实现自我意愿的过程进行有效的保护(Arneson,2005)。软父爱主义是一种避免当事人对其所做选择的风险认知缺乏而受到伤害的行为(Feinberg,1986)。软父爱主义认为人们所做出的选择并不一定能够反映出其真实的态度和期望,其经典例子是一个人要过桥,但是却不知道这座桥是存在危险的,此时其掌握的信息不完全,若过桥他可能会坠入河中,这种结果并非其真实的意愿,因此通过干预来阻止其过桥是可以接受的(孙笑侠和郭春镇,2006)。

软父爱主义和硬父爱主义的根本区别在于是否尊重当事人的主观意愿,是否支持自治。然而二者也存在共同点(孙笑侠和郭春镇,2006):其一,父爱主义行为的出发点是善意的,是为了避免参与者的利益受到侵害或为了改进其自治的效果。其二,在父爱主义行为对当事人进行干涉的过程中,其行为自由会受到不同程度的限制,并且这种限制甚至会与其主观意愿相违背。其三,从社会总体进行分析,父爱主义行为的实施能够增进社会福利。软父爱主义比硬父爱主义更容易被人接受，因为软父爱主义是基于当事者的主观意愿而实施的。

然而针对父爱主义的争论并没有因为软父爱主义的出现而平息。父爱主义行为是否应该存在的根本权衡在于个体利益和群体福利两个方面。首先，支持父爱主义的人们认为个人在进行决策时对于信息认识不足会造成一些有悖于个人期望的后果，并且这种现象是群发性的，因此需要政府通过制度和管制来避免个人因对风险估计不足可能引致的损失。如政府制定宏观的经济政策来管控市场风险。另一方面，持反对意见的人其攻击的核心是父爱主义对自主决策权的侵犯，他们认为相比于可能造成的损失，个人自主决策权的丧失更令人沮丧。在父爱主义进行干预的过程中，干预的实施者并不一定能够正确地掌握当事者的意愿，最终出现违背当事人主观意愿的结果，更为可怕的是这种干涉的结果可能对群体层面也是不利的。当管理者经常对参与者实施父爱主义行为时，会培养出参与者的惰性，过多地依赖于群体层面的决策而丧失进行主动思考和判断的积极性和能力，这最终会导致社会效率的下降。通过将父爱主义理论引入到解释变量中，科尔内（Kornai）还实现了对市场中长期偏离瓦尔拉斯均衡现象原因的分析（Kornai & Weibull，1983）。

国家对民营企业和国有企业的父爱主义行为既有共同点又存在不同。首先，国家的宏观经济政策、制度以及法律体制的构建能够为企业发展提供良好的外部环境，这是国家的父爱主义行为，基于该行为所有企业都能够获得有利于发展的良好有序的社会经济环境。国有企业和民营企业所受到的国家父爱主义行为的差别对待是造成企业银行关联和政治关联作用效果差异的主要原因，主要差异在于：国有企业存在预算软约束。父爱主义理论在经济领域的首次转移应用是用来分析国家对于国有企业的行为，出于"父爱主义"，国家作为权力的拥有者向国有企业提供资源和金融等方面的支持，来协助国有企业生存和发展，也就出现了经济学领域所说的国有企业存在"预算软约束"的现象（Kornai, 1980），而且国家对国有企业的决策干预正如父爱主义行为的反对者所预测的一样造成了国有企业的低效率。国有企业由于其所有权属于国家，因此可以说是与政府同呼吸共命运。许多主要的资源如能源和原材料几乎都是由国有部门垄断控制的，信贷资源也是由国有银行主导（Li et al., 2008），基于我国的银行体系的现状分析，我国银行体系的主体是国有银行，国有企业和国有银行之间的关系可以形容为一种"血缘关系"。由于这种血缘关系的存在，使得国有企业和国有银行之间都在为回馈国家承担相应的责任，即所谓的政策性负担（林毅夫等，2004），具体地表现为国有企业承担为稳定社会而吸纳社会中的过剩劳动力等社会性负担和响应国家在产业结构调整和改革中的战略性负担，国有银行根据政府指令向生产效率不高甚至有些低下的国有企业提供更多的贷款等。同时国有企业的预算软约束是银行向其发放贷款的事后保障，当国有企业陷入财务困境时，政府会第一时间向企业伸出援助之手，向企业提供财务支持，以保证企业继续承担政策性的任务。因此，国有企业本身在信贷融资方面就享受优待，企业本身不需要银行关联和政治关联带来的接待优势，但基于国有企业需要承担政策性负担的特点，由中央政治关联带来的政策影响效果在国有企业中会有比民营企业更强的体现。

第二，民营企业和国有企业的财产权保护强度不同致使长期借款的债权人面临的风险程度不同。长期借款需要依赖更强的履约机制来保障债权人的合法权益，因为债务期限长，企业和银行之间的合同实现存在很多的变数，最严重的变化是债务人的财产权受到负面影响导致其不具备按时偿还贷款的能力。相较于具有政府背景的国有企业，民营企业出现以上情况的可能性更大，这是因为我国的制度环境和法律体制尚且不能够对民营企业形成完善的保护。新中国成立之后开始对民营企业进行社会主义改革。在1952年到1977年的阶段中，民营企业是被严令禁止的。到了19世纪的80年代初期，允许创办民营企业，但是需要将雇用的职员人数控制在八人以内。这一严苛的规定一直持续到十年之后的全国人民代表大会。我国民营企业的蓬勃发展始于1992年邓小平的南方谈话，在三十年的发展后，中国的民营企业已经发展为支持社会就业的最主要力量，并为全国工业总产值贡献了一多半。到2004年民营企业的发展迎来了第二个重要节点，全国人民代表大会正式通过宪法修正案首次提出保护民营企业的产权。

然而民营企业的快速发展并未使其摆脱来自政治和社会的双重歧视。尽管在20世纪90年代的产权私有化已经受到法律的承认和肯定，对私有产权怀有敌意的干部和群众依然在通过各种手段表现他们的鄙夷和不满,如"反对资本主自由化""纠正市场作风""反对投机倒把"等一系列镇压民营企业的运动等(Li et al.,2008)。民营企业不仅要忍受政治上的和社会上的歧视,还要在极其不利的市场环境中求生存(Che,2002)。由于大部分的资源依旧由国家掌控,民营企业几乎被排除在体系之外,直到1997年才允许民营企业向国有银行申请贷款,虽然现在情况已有所好转,但是民营企业仍然在以国有力量为主的金融市场中处于劣势地位。民营企业的申贷成功率远不如国有企业,而且民营企业随时面临着政府的过度监管和政府的"乱摊派、乱收费"(Guriev,2004;Johnson et al.,2000)等行为的影响,相关的商业保护法缺失或无法顺利推行(Pearson,1997)。另外民营企业的发展依然面临着转型经济所特有的一些不利因素。高税率是转型经济中的一个突出特征。税率中不仅包含法律规定的部分,还包括政府官员为了谋取个人利益而附加的部分,如在中国不同的地区面临着不同的非正规税收(Christine,1998)、俄罗斯和乌克兰的企业需要承担高得离奇的税收(Johnson et al.,2000)。因此,作为对法律体系和政策制度补充的地方政治关联通过增强企业财产权保护、帮助企业获取寻租的额外收益来对企业偿还借款能力实现提升,从而帮助企业获得长期借款的效果在民营企业中具有更强的体现。

第三,民营企业和国有企业的信息不对称性的重要程度。在国有企业和民营企业之间,国有企业由于存在着政府管控的背景,并且具有预算软约束,由于政府对国有企业的干预,当企业面临困境时，能够获得来自政府的救济（方军雄，2007）。虽然银行不论贷款给国有企业或民营企业，作为债权人都需要投入监督成本来获取债务人的信息，银行也均面临着由于信息不对称带来的风险，但当债务方是国有企业时，存在着政府救济的风险防控策略。然而，当债务方是民营企业时，民营企业不具有国有企业的政府背景，因此获取企业的大量信息是银行监督民营企业对债务合约履行情况的重要手段，银行需要投入更多的信息成本来降低债务风险。因此，银行关联的信息效应通过改善企业和银行之间信息不对称程度，降低债权人的风险，以及银行关联的知识效应、社会资本力量等作用通过增强民营企业的贷款竞争力，从而帮助企业获得长期贷款的效果在民营企业中会有更强的体现。

综合以上的分析，所有制情境效应的调节作用如图 3-4 所示，基于民营企业和国有企业在国家的支持行为、财产权的保护和信息资源的重要程度等内容上的差别，以及银行关联、地方政治关联、中央政治关联对企业债务期限结构的影响路径的不同，我们认为企业的所有制情境能够调节银行关联、政治关联对企业债务期限结构的影响。由此提出假设：

假设 4a：相对于国有企业，民营企业中银行关联与企业债务期限结构的关系更强。

假设 4b：相对于国有企业，民营企业中地方政治关联与企业债务期限结构的关系更强。

假设 4c：相对于民营企业，国有企业中中央政治关联与企业债务期限结构的关系更强。

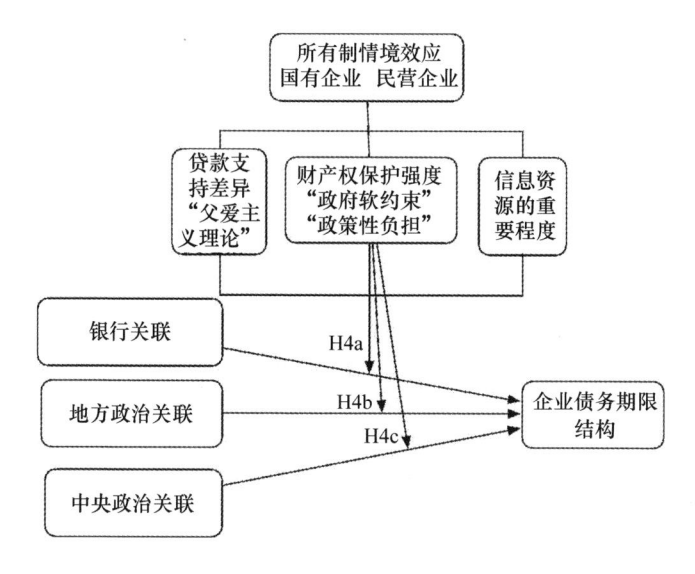

图 3-4 所有制情境效应的调节作用

第五节 信贷市场竞争程度的情境效应

信贷市场竞争程度在银行关联、政治关联对企业债务期限结构影响中的情境效应主要是基于市场失灵理论而存在的，由于竞争机制在信贷市场资源配置中的作用效果的不同，致使信贷资源配置效率的修正空间存在差异，从而使制度和非正式制度因素对信贷资源配置的影响效果出现不同。

基于市场失灵理论展开分析，首先介绍市场失灵理论的基本内容。市场失灵（market failure）是指市场调节机制不能实现对资源的有效配置，从而引发如失业、产品过剩等一系列问题。对市场失灵现象的认识伴随经济学发展的整个过程。作为古典经济学派的创始人，斯密（Smith）认为市场中的价格机制是一只"看不见的手"，在自由放任的竞争活动中劳动分工和资源配置能够实现均衡，任何形式的政府干预都是有害的（Smith，1776）。

古典经济学派的另一重要成果——萨伊定律指出任何生产过剩或是就业不足的问题在完全竞争市场中都不会出现，因为"供给创造其自身的需求"，货币只是人们实现物物交换的一种短暂使用的媒介（Say & Biddle，1851）。直到20世纪30年代发生的经济危机使人们充分意识到仅依靠市场机制的调节会产生失业、负的外部性等经济问题。在此时代背景下，经济学界发生了凯恩斯革命，凯恩斯在《就业、利息和货币的通论》中否定了市场会自动实现供需均衡的论断，认为萨伊定律的内容只有在正确的宏观经济政策的前提下才有可能实现，政府干预作为经济发展的必要因素被引入到对市场失灵的修正中（Keynes，1936）。市场机制的调节是无法实现资源配置的帕累托最优状态的（Bator，1958）。因此，宏观经济学的存在必要且有意义，此时市场失灵的认识主要来源于经济的外部性，公共物品的存在。

第一方面，经济的外部性是经济活动中存在的不受价格机制调节的一种影响。一个经济行为者的经济活动能够对其他经济主体产生正面的或负面的影响，并且前者不会获得正面影响的收益或承担负面影响的成本。通过市场机制的自主调节无法实现对经济外部性的消除进而实现资源的有效配置，因此经济的外部性是市场机制不能实现社会资源的帕累托最优状态的重要表现。第二个市场失灵内容是公共物品的配置问题，古典经济学派认为市场机制的调节能够实现资源的均衡配置，但是在公共物品市场中由于其具有非排他性和非竞争性的特点，即任何人都可以对公共物品进行消费，并且在向多增加的消费者提供公共物品的使用或服务时所产生的边际成本为零，市场机制对公共物品的调节是失灵的，因为这种产品市场中总是存在帕累托改进的空间，可以在不损害已有消费者利益的同时向更多的消费者提供服务。在公共物品市场需要政府的干预来预防"公有地悲剧"的出现（Gans et al., 2011）。在市场失灵的情况下，经济学家科斯提出了一种修正资源配置效率的观点，研究者将其整理陈述为科斯定理。科斯定理的主要内容是在产权明确和交易成本为零的前提下，那么无论产权的归属者是谁，最终都能实现资源配置的帕累托最优状态。

对市场失灵的重新认识基于斯蒂格利茨的研究，斯蒂格利茨放松了古典经济学派关于完全信息的假设，认为经济活动的不同主体对市场中的风险和机会信息的掌握并不完全，在这种情况下市场机制的调节无法实现资源的均衡配置。在信息不完全的市场中，信息的收集和获取需要耗费相应的经济成本，并且市场中的信息是动态的、无限的，因此完备信息和完全竞争无法实现，经济参与者面对的是具有不完备信息的不完全竞争市场甚至会出现垄断（Grossman & Stiglitz, 1976）。在具有不完备信息的不完全竞争市场中，交易中需求和供给的均衡以及社会福利的帕累托最优状态不能依靠价格机制的调节实现，由于供需双方信息不对称引发的柠檬市场中的逆向选择和道德风险成为市场失灵的新表征。政府的经济干预成为市场机制失灵的修正手段，如税收政策的制定。面对市场失灵情况下垄断、公共物品市场、经济外部性和信息不对称等现象，政府干预成为弥补市场失灵的主要手段。政府干预的实施包括对市场机制和公共产品宏观经济政策的制定，在政府进行干预之前，首先要确定政府干预的界限，避免政府干预过度或不足。在此基础上，政府制定相应的法律法规维护良好的市场秩序，为市场交易的进行和资源的分配提供一个有利的经济环境和减少经济外部性带来的负面影响。由于公共物品的非竞争性和非排他性，政府需要承担对公共物品市场的规范，来为社会提供充足的国防等公共物品，并长期进行公共物品的维护。另一方面通过政府的宏观调控来改善市场失灵造成的失业、贫富差距扩大等问题。基于科斯的观点，建立明确的产权制度，结合对资源的配置直接干预或政策引导改善社会福利，增进社会的资源配置效率（斯蒂格利茨、沃尔什，2005）。

因而鉴于市场失灵理论的内容，制度因素和其他非正式因素对于市场资源配置的影响是对竞争机制的补充，并且在市场竞争机制的作用越差时，政府干预和其他因素对资源配置修正的影响越能获得体现。信贷市场中金融机构竞争程度不同说明信贷市场竞争机制对信贷资源配置效果的影响存在差异。信贷市场集中度是对信贷市场竞争和垄断程度的反映，信贷市场集中度越高表示信贷市场的垄断程度越高，反之则说明其竞争程度高。信贷市场竞争程度的情境效应如图 3-5 所示，继续进行具体分析。

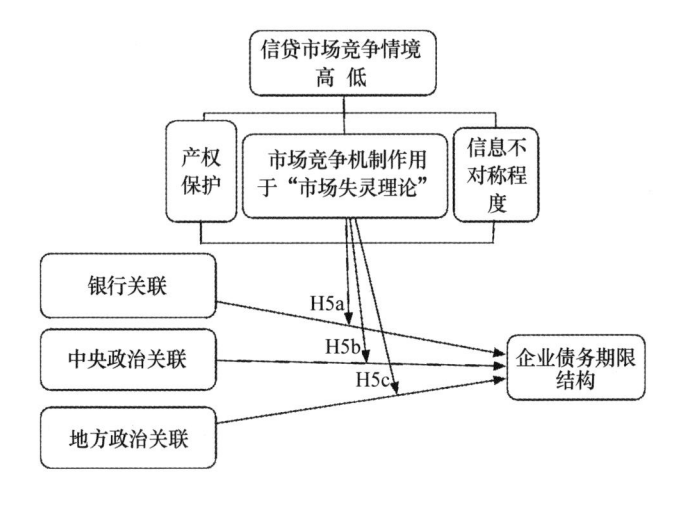

第三章 银行关联和政治关联的界定、研究框架和假设推演 | 111

图 3-5 信贷市场竞争程度的情境效应

首先，在信贷市场集中度高的地区，市场竞争机制失灵，依靠信贷市场的价格即利率不能实现信贷资源的有效配置，此时政府的政策干预作为对资源配置修正的有效手段，能够增加社会福利（斯蒂格利茨、沃尔什，2005）。结合中央政治关联对企业债务期限结构的影响主要是源于政策效应的特点，在信贷市场集中度高的地区，这种影响的作用效果会更加显著。同时，由于信贷市场集中度高的地区信贷资源呈现垄断的局势，此时信贷市场中的信息不对称问题更加突出，因此相较于信贷市场集中度低的地区，企业的银行关联的信息效应的影响更大，此时债务关系双方信息不对称问题的改善对债权人评价债务人借贷违约风险的支持更为重要，因此此时银行关联对于企业债务期限结构的影响效果更加凸显（沈红波等，2010）。在信贷市场集中度低的地区，信贷市场的竞争程度高，市场参与主体的信息对称程度相较于垄断市场的情况好，通过竞争机制能够实现对信贷资源的较好配置，此时政府的干预机制和非正式制度因素的信息效应不如在信贷市场集中度高的地区强，但是因为地方政治关联带来的寻租额外收益、财产权保护优势能够增强企业的竞争能力，在主要依靠市场竞争机制进行信贷资源配置的地区更能够帮助企业获得竞争的成功。

因此，根据市场失灵理论所描述的不完全竞争、垄断竞争市场中的特点，以及信息不对称、竞争机制在不同地区的作用差别，并结合银行关联、地方政治关联、中央政治关联的作用路径是基于信息、政策还是市场竞争优势的改变，我们认为在信贷市场竞争程度存在差异的情况下，银行关联和政治关联对企业债务期限结构的影响效果会体现出差别。故而提出假设：

假设5a：相对于信贷市场竞争程度高的地区，在信贷市场竞争程度低的地区企业的银行关联和其债务期限结构的关系更强。

假设5b：相对于信贷市场竞争程度高的地区，在信贷市场竞争程度低的地区企业的中央政治关联和其债务期限结构的关系更强。

假设5c：相对于信贷市场竞争程度低的地区，在信贷市场竞争程度高的地区企业的地方政治关联和其债务期限结构的关系更强。

第六节 高新技术属性在所有制情境、信贷市场竞争程度情境下的调节作用

根据企业所有制情境下银行关联、政治关联作用强度的分

第三章 银行关联和政治关联的界定、研究框架和假设推演 | 113

析，我们讨论企业的高新技术属性在银行关联、地方政治关联、中央政治关联对企业债务期限结构影响中的调节作用。并且，基于所有制情境效应和信贷市场竞争程度的情境效应，我们在银行关联、政治关联和企业债务期限结构关系更强的情境下检验高新技术属性的调节作用。高新技术企业属性能够调节银行关联、政治关联对企业获得贷款的能力的影响，以及银行对企业偿债能力的判断，造成企业履约效果的差异，使企业在获得长期贷款的难度上有所改变，最后表现为债务期限结构的不同。

该影响的存在主要源于四个方面，这四个方面同企业的所有制情境、信贷市场竞争情境共同调节企业的银行关联、政治关联对其债务期限结构的影响，如图3-6所示，具体分析为：

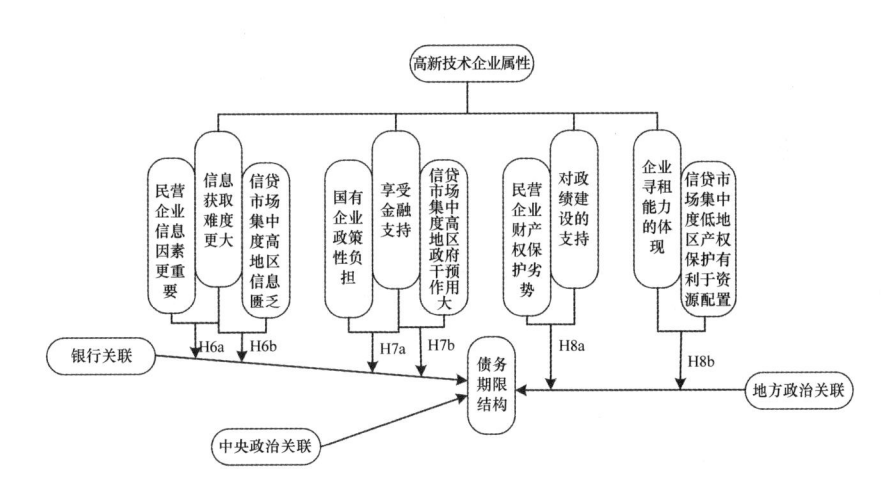

图 3-6 企业高新技术属性的调节作用

第一，信息获取的难度更大。相对于非高新技术企业，高新技术企业需要持续进行研究开发活动，并且国家对企业每年创新活动的投入占总销售额度的比例具有明确的规定，而且企业更倾向于利用外部融资进行创新活动（李汇东等，2013），因此在高新技术企业，债权人的投入更有可能作为创新投入，结合创新活动风险程度高、收益不确定性大的特点，使债权人面临更高的借贷风险，需要耗费更多的成本实现对高新技术企业贷款的评估和监督，并且长期贷款会使贷款回收存在更多变数，进一步增加债务人的违约风险，因此高新技术企业获得长期贷款会面临严重的信息阻碍。

基于该项内容来分析高新技术属性的调节作用。结合银行关联对企业债务期限结构的影响途径主要是社会资本力量、信息传播效应、知识效应可以发现，信息传播效应即银行关联通过改善银企之间信息不对称从而形成企业获得长期贷款的支持是其发挥影响的重要方面，因此具有高新技术属性的企业会增加信息获取的成本，从而削弱企业的银行关联对其债务期限结构的影响效果。继而分别考虑所有制情境和信贷市场竞争程度情境：根据分析，所有制情境中信息因素在民营企业中更为重要，因此高新技术属性带来的信息不利因素会在民营企业中获得体现；信贷市场竞争程度情境下，高信贷市场集中度地区信息匮乏，高新技术属性的信息不利因素会加剧信息的匮乏。因此，结合银行关联对企业债务期限结构的作用途径分析，以及所有制情境和信贷市场竞争情境的差别分析，我们认为在民营企业以及高信贷市场集中度地区，企业的高新技术属性能够对银行关联影响企业债务期限结构的过程造成负面影响。提出假设：

第三章 银行关联和政治关联的界定、研究框架和假设推演

假设 6a：在民营企业中，高新技术属性负向调节银行关联对企业债务期限结构的影响。

假设 6b：在信贷市场竞争程度低的地区，高新技术属性负向调节银行关联对企业债务期限结构的影响。

第二，高新技术企业享受金融支持。国家为扶持高新技术企业的发展，制定了一系列的金融政策来形成支持。具体的内容包含政府对企业进行的直接投资、政策性贷款支持，以及国家对高新技术企业税收的减免政策等。这些财政支持能够增强高新技术企业的偿债能力，提高高新技术企业的履约能力，从而增加高新技术企业获取贷款的竞争能力。

该高新技术属性的影响是高新技术企业能够享受到金融政策的支持。因此结合通过政策效应实现对企业债务期限结构影响的中央政治关联进行分析。国家对高新技术企业的直接投资或政策性贷款的政策能够在中央政治关联的政策效应下获得发挥，但由于现行金融改革政策是企业增加直接融资比例，因此国家的扶持性贷款政策的推行会减弱金融改革政策的作用，从而对中央政治关联的作用效果产生负面影响。接着考虑所有制情境和信贷市场竞争情境：在所有制情境下，基于国家父爱主义行为的不同，国有企业需要承担比私营企业更多的政策性负担，因此高新技术属性的政策效应在国有企业中具有更强的体现；在信贷市场竞争程度情境下，基于市场失灵理论，在信贷市场集中度越高即市场表现为垄断程度越高时，政府干预对市场资源配置的影响越重要，因此高新技术属性的政策效应在信贷市场集中度高的地区具有更强的体现。结合以上分析，我们

提出假设：

假设 7a：在民营企业中，高新技术属性负向调节中央政治关联对企业债务期限结构的影响。

假设 7b：在信贷市场竞争程度低的地区，高新技术属性负向调节中央政治关联对企业债务期限结构的影响。

第三，对政绩建设的支持。我国已经从改革开放以来采取发展重工业和选择资源消耗的粗放型经济中收获了巨大的经济进步，并造成了相应的不可逆的对于生态和经济体系的负面作用。我国的经济建设方针明确指出要稳增长、调结构，立足经济增长的现有格局，着眼于经济发展的中长期目标，调整经济增长方式，改变经济发展中的产业结构。我国"十二五"规划纲要明确指出要坚持把科技进步和创新作为加快转变经济发展方式的重要支撑，增强自主创新能力，强化核心关键技术研发，突破重点领域，积极有序地发展新一代信息技术、节能环保、新能源、生物、高端装备制造、新材料、新能源汽车等新兴战略产业，注重产业的核心竞争力和经济效益的提高。并同时发挥国家重大科技专项对经济和产业发展的支持，推动产业创新的实施，辅以财税金融政策等方面的制度建设，从而推动高新技术产业发展强大。国家从政策层面对增强企业创新能力的支持自从 2006 年颁布《国家中长期科技发展规划纲要》就有所强调，纲要提出支持企业成为技术创新的主体，支持企业承担国家的研发任务，并表示会为企业的技术创新活动提供相应的财政税收和金融政策的支持以及建立相应的人才培养体制和科技创新能力评价机制，为技术创新企业营造良好的制度支撑环境，力争形成一套有助于企业开展研究开发活动的整体运行机制。因此推动高新技术企业的发展符合我国中长期的发展要求，是各级政府在经济建设方面的重要目标之一。

第四，企业寻租能力的体现。下面基于对寻租理论的介绍以及高新技术企业和寻租的联系加以说明。

寻租租金是基于政策组织对稀有的自然资源或专业知识的占有而造成的超额利润（Khan，2000）。寻租理论（rent-seeking）产生的思想来源是塔洛克（Tullock）在1967年发表的文章《垄断、关税和偷窃的福利成本》，该文指出此前的经济学家对于以上三种现象所造成的社会福利损失的计算并没有真实反映社会福利的损耗，他们所遗漏的部分是参与者期望成为该过程中的有利可图者所付出的努力，即寻租的行为造成的社会福利的损失（Tullock，1967）。直至1974年的克鲁格（Krueger）对寻租的概念进行了明确的界定，并对塔洛克所指出的垄断等活动造成的社会福利损失进行了估算。其研究认为寻租的目标是获得经济租（rent），在完全竞争的市场中，由于每个参与者都能充分掌握市场的供需变化信息，因此市场中供给小于需求所造成的超额利润最终会随供给量的提高而耗散，然而在实际的市场中并非是完全竞争的，超额利润的产生不仅不能通过市场的调节而耗散，还会由此引发为获得超额利润而付出的努力行为，寻租的行为不会产生新的社会剩余，而是改变了参与者所获得的经济租金的比例，是一种对社会资源的浪费（Krueger，1974）。

自此之后，寻租的概念正式被引入到经济学的研究当中，针对寻租的研究不断获得突破，同样对寻租行为的认识也存在着争议。主要的代表性观点包含两种：一种是作为公共选择理论创始人的布坎南（Buchannan）在1980年提出的寻租是在限制制度和政策的背景之下产生的一种参与者争取获得更多利益机会的行为，这种行为只会影响社会利益的分配而不会产生新的社会剩余（Buchanan et al., 1980），他认为寻租活动的实现大都离不开政治活动，对寻租活动的限制需要限制同政府有关的一些为获得进口权而进行的疏通行为，如为了获得能带来额外收益的政府许可证或政府采购订单而进行的疏通活动；另一种是1982年巴格瓦蒂（Bhagwati）提出的直接非生产性寻利活动（Directly Unproductive Profit-seeking Activities，DUP），按照相应的解释该过程区别于其他非生产性寻利活动的特征在于它的实现诉诸权力，该过程包含寻租的行为又不局限于寻租，只有其中与政府相关的对垄断权或政治庇护的寻求行为才是寻租（Bhagwati, 1982）。

寻租活动的产生是政府的政策和制度限制的结果，是政府活动有意或无意对市场中资源配置产生影响，并且这些干预的存在能够带来额外收益，从而引发寻求更多额外收益的寻租行为。寻租行为显著区别于寻利行为，寻利活动是通过生产创新性的产品等方式获得市场中的竞争优势，从而获取相应的利润，这种利润的存在是动态的，新产品的产生会带来利润剩余，随着时间的推进其他厂商会进行技术的学习并生产出相应的产品，从而消除原有的利润优势，这种现象的产生是企业对利润寻求的结果即寻利过程，该过程会造成社会福利的增加，是生产性的活动。寻租活动是非生产性的活动，其产生源于政策或制度对资源的配置造成的干预，此类干预的存在能够为企业带来相应的超额利润，如获得政府认定的高新技术企业可以享受到税收优惠等政策，并且获得超额收益的机会是受到相应的制度或政策限制的，该类资源的获得具有排他性，因此为了获得入场券或是获得更多的好处，就会有人采取相应的疏通活动，由于获得相应收益的进口权的机会基本固定，因此一个参与者的追求利益最大化的寻租过程就会对其他参与者的利益造成损害，并且为获得更多的进口权所进行的资源的投入不会带来新的生产性剩余，从社会总福利的视角来看，寻租行为是对资源的浪费。

寻租活动的参与者主要包括政府和市场参与者，基于政府的层级和部门差别使不同的政府部门出现创租者和寻租者的角色差异。市场参与者一般作为寻租者。根据政府制度所引发的寻租行为是否符合政府的意愿而将其划分为政府主动创租和非主动创租（贺卫，1999）。首先是政府主动设租。在进行寻租层次分析时政府向出租车颁发数量有限的执照就是一种主动设租，依据该项政策获取的出租车执照成为稀缺资源，具有执照能够获取更多的利润，因此便形成了对于出租车准入权的寻租、对出租车管理部门的寻租和对出租车执照带来的公共财政收入的寻租。另外，政府在制定发展规划或经济发展政策时会提出重点支持的产业和经济发展方向，这些政策性干预会打乱市场的价格机制，创造出经济发展特点和地方获取优势，并使一些区域或行业的资源获取价格低于其他地区，政府的经济发展战略部署无意中创造出寻租的空间。如国家为鼓励创新，调整经济增长方式而提出创业拉动就业等政策，政策规定由国家科技部进行高新技术企业的认定工作，并为获得高新技术认定的企业提供优惠的税收，然而获得认定的企业相对于未获得认定的企业所享受到的优惠促使企业为获得高新技术企业认定而向有关部门进行寻租。同时，地方政府也会向中央政府进行寻租来获得区域发展的支持，获得中央政府支持的地区或产业能够享受到符合国家规定的优惠政策和政策补贴，也就是根据政策导向进行寻租所获的租金。其次是政府被动创租。一旦政府的行为为寻租的产生营造条件，就会依据寻租利益的分配情况出现以帮助市场参与者获得准入权的组织势力和以获取寻租利益作为主要经济来源的群体。因此，当政府调整方针政策会侵害到该类群体的核心利益时便会受到他们的阻挠，虽然是对自身利益保护的行为，但是却不利于社会改革的进行，最直接的影响是会动摇政府的权威地位，从长远看会阻碍经济的发展和社会的进步。

因此，根据寻租的类型划分，高新技术企业的认定属于政府的无意创租。高新技术企业属性能够为企业带来政府补贴、税收减免等额外收益是该寻租过程中的租金。高新技术企业的认定过程是由企业向地方政府的相关部门提出申请，相关部门按照国家规定进行企业的认定审核，并最终汇报给国家科技部门的过程，按照认定结果，企业将享受到高新技术属性所带来的额外收益。因此从该寻租活动中的角色进行分析，企业是寻租者，地方政府和中央政府是创租者，并且企业直接向地方政府相关部门进行寻租，故而成功获得高新技术企业认定是企业具有向地方政府进行寻租能力的体现。

结合企业高新技术属性的政绩支持和寻租能力体现两种影响下对其在银行关联、政治关联对企业债务期限结构作用中的调节效果进行分析。结合地方政治关联影响企业债务期限结构的三条途径即财产权的保护、法律机制的补充和帮助企业获得寻租收益，高新技术企业的政绩影响和寻租能力两种影响能够加强企业地方政治关联影响的发挥。继而分别考虑所有制情境和信贷市场竞争情境：在所有制情境下，基于国家父爱主义行为的不同，民营企业在财产权的保护方面处于劣势地位，高新技术企业的政绩影响力量能够改善政府官员个人官僚主义行为对企业财产权的负面影响，因此高新技术属性在国有企业中具有更强的体现；在信贷市场竞争程度情境下，基于市场失灵的相关理论，在竞争机制中明确和保护企业的产权制度，能够有利于市场资源的配置，因此高新技术属性在产权保护方面的影响能够在市场竞争机制发挥更为充分的信贷市场集中度低的地区获得更好的体现。基于以上的讨论，我们提出假设：

假设8a：在民营企业中，高新技术属性正向调节地方政治关联对企业债务期限结构的影响。

假设8b：在信贷市场竞争程度高的地区，高新技术属性正向调节中央政治关联对企业债务期限结构的影响。

第四章 企业所有制性质的调节作用

第一节 数据与描述性统计分析

一 数据的来源与筛选

由于本书选择的是上市公司,在进行数据收集时,国有企业是指控股单位为国家机构或事业单位的企业,民营企业是指控股权为个人或家族的非国有控股企业。本书选取2008—2014年A股市场非金融类上市公司的数据作为初始样本数据,选择原因主要基于以下两个方面:第一,在2007年以后我国的上市公司采用新的企业会计准则进行会计核算,并且在2008年我国上市公司的股权分置改革已经接近完成,因此所选时期的数据同时规避了企业财务数据口径不一致和股权分置改革的影响;第二,我国于2008年颁布了新的高新技术企业的审核认定标准,并于2008年开始施行,针对高新技术企业严格按照新的标准进行认定并予以公示,为我们对高新技术企业的统计提供了信息支持。原始数据的收集主要包括企业财务数据的收集、各

第四章 企业所有制性质的调节作用 | 123

地区金融运行报告的收集、各企业高新技术属性相关信息的收集。

本书中的第一部分原始数据即公司财务数据来自锐思金融研究数据库和国泰安经济金融研究数据库。第一步，从锐思金融研究数据库的财务报表部分选择信息发布的日期为2007年12月31日到2015年1月1日的非金融类仅在A股主板上市公司的年报，共有1988家企业符合条件，获取了这些企业股票代码、企业名称、所属行业、所在地区、成立时间等基本信息，从数据库中财务报表的部分获得资产负债表和利率表中的企业净资产收益率、净利润、经营活动产生的现金流量净额、投资活动产生的现金流量净额、筹资活动产生的现金流量净额、期末现金及现金等价物余额、资产总计、短期借款、长期借款、负债合计共10项基本财务信息，从数据库中财务指标的部分获得财务比率中的流动比率、速动比率、营业利润增长率、净利润增长率、净资产增长率、流动资产周转率、资产负债率、固定资产比率共8种反映企业财务状况的比率指标，从数据库中的股东与股本部分获得企业的主要股东的姓名、持股比例、经济性质、公司实际控制人经济性质、在任情况、离任日期和背景介绍的信息，从数据库中组织治理结构部分获得企业的管理层的姓名、职位、在任与否、背景介绍的信息。第二步，从国泰安经济金融研究数据库中继续收集企业的财务数据，对锐思数据库中缺少的信息内容进行补充，主要从该数据库中的上市公司相对价值指标部分补充了相同企业在相同时间段内发布的托宾Q值、账面市值比、企业价值倍数三项内容。本书中第二类原始数据的来源是中国各地区的金融运行报告，其来源是从中国人民银行官方网站（http：//www.pbc.gov.cn/）服务互动中报告下载部分的中国人民银行政策法规司的中国区域金融统计报告，主要包括从2008年至2014年我国大陆地区的23个省、5个自治区、4个直辖市和深圳市的金融运行报告。本书的第三类原始数据是企业的高新技术认定情况的相关信息，主要来源是高新技术企业认定管理工作网（http：//www.innocom.gov.cn/）的公式文件部分各地区的高新技术企业认定情况和复审情况公示信息和已认定企业的更改名称情况，包括企业的名称、获得高新技术企业认定的时间和获得认定的证书编号。

根据研究需要，本书对获得的原始数据进行预处理，首先按照以下标准剔除数据：（1）剔除净资产收益率小于-50%或大于50%的企业；（2）资产负债率大于1的企业；（3）剔除资产负债率超过100%的资不抵债的公司；（4）剔除在2008—2014年间被视为PT或ST的公司，这类公司存在财务问题已经退市或者即将退市；（5）剔除在2008—2014年间发生行业变更的企业；（6）剔除企业家信息介绍不详细或数据缺失的公司，在这些公司中我们无法获得所研究变量的完整信息。

在删除了以上异常企业之后，继续进行数据的预处理。第一步是利用收集到的原始数据计算出待求的变量，主要包括企业外部融资能力=（投资活动产生的现金流量净额+经营活动产生的现金流量净额-筹资活动产生的现金流量净额）/期末资产。企业规模的取值为企业的资产合计的对数。企业的借款数量取用企业借款总数量的对数。根据原始数据来源的第二类，

第四章 企业所有制性质的调节作用 | 125

即从中国人民银行政策法规司获得的不同地区的金融运行报告，在每一个地区不同年度的报告中第一份表格均为"某年某地银行业金融机构情况"，该表格按照银行业的不同机构类别（包括大型商业银行、国家开发银行和政策性银行、股份制商业银行、城市商业银行、小型农村金融机构、财务公司、信托公司、邮政储蓄、外资银行、新型农村金融机构等）分别罗列出每一类中的机构个数、从业人数、资产合计、法人机构的数量，本书利用其中资产合计的数据，根据市场集中度的公式计算出每一年不同地区的赫芬达尔—赫尔曼指数。

数据预处理的第二步是将企业的特征变量编码为数值型变量。具体而言，根据企业的所有权性质不同可以将其分为两类，分别是国有企业和民营企业。国有企业是指企业的所有权归国家的企业，民营企业是指除国有企业之外其他的没有国有资本的企业。根据该划分标准生成一个新变量所有制（State），该变量取值为0时表示民营企业，取值为1时表示国有企业。根据企业所在地区的信贷市场集中度水平不同将企业分为两类，分别是高信贷市场集中度地区的企业和低信贷市场集中度地区的企业。高信贷市场集中度地区的企业是指企业所处地区的市场集中度水平在所有地区市场集中度平均水平以上，低信贷市场集中度地区的企业是指企业所处地区的市场集中度水平在所有地区市场集中度平均水平以下。根据规则生成一个新变量市场集中度（h），该变量取值为0时表示低信贷市场集中度地区的企业，取值为1时表示高信贷市场集中度地区的企业。根据原始数据的第三个来源即高新技术企业认定管理工作网的公示文件，并结合企业的名称在百度搜索引擎上使用"企业名称+高新技术企业认定"作为关键词获得的搜索结果，将企业划分为高新技术企业和非高新技术企业。高新技术企业是指企业本身而非其子公司在该年度是科技部认定的高新技术企业；非高新技术企业是指企业本身而非其子公司在该年度不是科技部认定的高新技术企业。根据规则生成一个新变量即企业的高新技术属性 Hte，该变量取值为 0 时表示企业为非高新技术企业，取值为 1 时表示企业为高新技术企业。根据原始数据收集的第一步中锐思数据库的管理层和股东的背景介绍信息进行手动统计，企业具有银行关联是指企业的管理层和主要股东中具有现任或曾任银行主要管理人员的成员。根据规则生成一个新变量银行关联（Bank），该变量取值为 0 时表示企业不具有银行关联，取值为 1 时表示企业具有银行关联。根据原始数据收集的第一步中锐思金融研究数据库中的管理层和股东的背景介绍信息进行手动统计，企业具有中央政治关联指企业的管理层和主要股东中具有现任或曾任全国政协委员或人大代表的成员。根据规则生成一个新变量中央政治关联（Cpcon），该变量取值为 0 时表示企业不具有中央政治关联，取值为 1 时表示企业具有中央政治关联。根据原始数据收集的第一步中锐思金融研究数据库中的管理层和股东的背景介绍信息进行手动统计，企业具有中央政治关联指企业的管理层和主要股东中具有现任或曾任地方政协委员或人大代表的成员。根据规则生成一个新变量地方政治关联（Lpcon），该变量取值为 0 时表示企业不具有地方政治关联，取值为 1 时表示企业具有地方政治关联。

二 主要变量的描述性统计分析

经过筛选,本章获得的样本是在2008年1月初至2014年12月底的、每年约为750家企业的非平衡面板数据,每一个变量大约具有5500个观测值。按照控制变量、解释变量和被解释变量的顺序对本书中的主要变量进行介绍。

本书中的控制变量主要是指会影响企业债务期限结构的企业特征等因素。具体来说,主要包括:(1)企业规模(Size),定义为企业资产的自然对数。(2)现金比率(Cash),反映企业的资金流动性水平。(3)企业成长能力(Growth),即为企业的净资产增长率。(4)资产可抵押性(Tangible),定义为企业的固定资产占总资产的比率。(5)企业负债水平(Debt),即为企业的资产负债率。(6)企业资产净利率(Roa),反映企业资产的盈利水平。(7)流动比率(Currt),定义为企业的流动资产与流动负债的比率,反映企业的流动资产能够用于偿还其短期负债的可能性。(8)净资产收益率(Profit),反映企业的盈利能力。(9)外部融资需求(EXF),定义为企业的投资和经营产生的现金流量扣除筹资产生的现金流量之后占期末资产的比率。(10)托宾Q值(Q),在一定程度上反映了企业的市场价值是否被高估。(11)账面市值比(B/M),反映企业的财务状况(Fama & French,1992)。(12)样本选择的时间虚拟变量,以2008年为基准年,共设置7个时间虚拟变量。

本书中的解释变量主要是银行关联和政治关联,并按照政治关联的不同层次将其分为中央政治关联和地方政治关联。对于本书中的解释变量内涵的界定如下：（1）银行关联（Bank），企业具有银行关联定义为企业的管理层或主要股东中具有现任或曾任银行高层管理人员的成员，具有银行关联变量取值为1，否则取值为0。（2）中央政治关联（Cpcon），企业具有中央政治关联定义为企业的管理层或主要股东中具有现任或曾任全国人大代表或政协委员的成员，具有中央政治关联变量取值为1，否则取值为0。（3）地方政治关联（Lpcon），企业具有地方政治关联定义为企业的管理层或主要股东中具有现任或曾任地方人大代表或政协委员的成员，具有地方政治关联时变量取值为1，否则取值为0。本书中的被解释变量主要是债务期限结构。债务期限结构（Lratio），定义为企业的长期借款占借款合计的比重。

表4-1是对主要变量的描述性统计分析。通过对研究中主要变量的描述性统计分析发现，从企业利润率和负债率等企业特征信息的最大值、最小值上可以发现所分析的样本并没有收益和负债方面的明显异常；市场集中度的平均值和中位数均为0.260，最小集中度为0.080，最大集中度为0.960。借款数量的平均值是20.520，最小的借款数量是14.320，最大的借款数量是25.430。对于被解释变量，长期借款比重的平均值是0.170，最小的长期借款约为0，最大的长期借款达到了0.930。对于解释变量都是虚拟变量，其平均值能够取值的结构，银行关联的平均值是0.100，中央政治关联的平均值是0.060，地方政治关联的平均值是0.210，说明具有地方政治关联的企业比率大于具有银行关联的企业比率大于具有中央政治关联的企业

比率。从企业的所有制特征的统计情况可以发现样本中的国有企业数量多于民营企业，从高新技术属性的统计特征可以发现具有高新技术属性的企业数量占企业总数的比例不高。

表 4－1　　　　主要变量的描述性统计分析

变量	变量标签	观察值	平均值	标准差	中位数	最小值	最大值
Lratio	长期借款比重	5506	0.170	0.170	0.110	0.000	0.930
Loan	借款数量	5507	20.520	1.470	20.470	14.320	25.430
Hte	高新技术属性	5503	0.190	0.400	0.000	0.000	1.000
Bank	银行关联	5505	0.100	0.300	0.000	0.000	1.000
Lpcon	地方政治关联	5507	0.210	0.400	0.000	0.000	1.000
Cpcon	中央政治关联	5507	0.060	0.240	0.000	0.000	1.000
State	所有制特征	5507	0.740	0.440	1.000	0.000	1.000
HHI	市场集中度	5507	0.260	0.070	0.260	0.080	0.960
Size	企业规模	5507	22.130	1.190	22.010	18.850	27.550
Cash	现金比率	5546	0.390	0.850	0.210	-0.030	17.870
Growth	企业成长能力	5507	7.950	13.540	6.300	-49.340	50.000
Tangible	资产可抵押性	5507	26.610	18.250	23.930	0.040	93.630
Debt	企业负债水平	5507	53.410	18.070	54.430	2.980	99.580
Roa	资产净利率	5506	4.350	5.560	3.710	-48.790	47.700
Currt	流动比率	5507	1.720	2.160	1.290	0.070	62.670
Profit	企业盈利能力	5504	8.930	14.550	8.530	-182.700	103.200
EXF	外部融资需求	5507	-0.060	0.200	-0.040	-1.440	1.340
Q	托宾Q值	5507	1.540	1.350	1.180	0.090	20.540
B/M	账面市值比	5507	1.250	1.120	0.900	0.050	12.100

对于控制变量的选择需要进行两项重要说明：第一，设置高新技术属性作为企业属性的控制，因此并没有设置行业控制

变量。第二，依据以往研究的做法选择财务指标进行控制，在控制变量中并没有设置企业信誉作为控制变量，这是因为中国的企业信誉评价体制欠缺，没有合适的数据进行控制，信贷配置的过程中也没有可纳入参考的现成的信誉指标，信贷决策的过程通过分析企业的财务指标和内部特征把握企业的财务情况来实现（邓建平和曾勇，2011；李健和陈传明，2013；张敏等，2010）。

本书中的变量存在银行关联、中央政治关联、地方政治关联等二元虚拟变量，并不满足珀森相关系数要求的连续数据、线性关系、正态分布等全部条件，因此我们对变量计算使用原来数值积差相关系数的珀森相关系数和使用原来数值秩次积差相关系数的斯皮尔曼相关系数发现，不论采取何种相关系数的计算方式所获得的相关系数，除却少数几个，其他的相关系数都在1%的水平上显著。并且，未分类的全部样本企业中的债务期限结构与企业的高新技术属性、所有制特征等变量具有高度的相关关系。被解释变量债务期限结构与地方政治关联具有在1%的水平上显著的正相关关系，企业债务期限结构与银行关联和中央政治关联没有显著的相关关系，被解释变量与所有的控制变量都具有高度相关性。不同的解释变量之间存在着高度相关关系，如银行关联与中央政治关联和地方政治关联呈现正的相关关系，相关系数分别为0.151和0.208。地方政治关联与中央政治关联之间呈现正的相关关系，相关系数为0.231。因此银行关联和政治关联之间存在共线性关系的可能，需要后续进行共线性检验排除变量之间的共线性对分析结果造成的影响，并进行内生性检验来支持分析结果的稳健性。同时，相关分析显示在分样本下变量之间仍然具有相关性。

三 所有制情境下的银行关联、政治关联和高新技术属性特征分析

在将企业依据不同的所有权性质划分为国有企业和民营企业之后，不同类型中的企业的特征情况为：

2008年至2014年的样本年度中民营企业在每一年的样本数目、具有银行关联的样本数、具有中央政治关联的样本数、具有地方关联的样本数和高新技术企业的数目以及具有不同特征的样本占该年度总样本的比例。在七年所收集的样本中，民营企业共有1537家，三种不同形式的关联中，具有地方政治关联的企业最多，达到329家，具有银行关联的为222家，只有118家的企业具有中央政治关联。在所有纳入研究的民营企业中七年内具有高新技术企业属性的累计为491家。并且在样本选取的年度区间内，具有不同特征的民营企业在所选企业之中的比例并未体现出上升或下降的规律性特征，但是在每一年中具有不同关联特征的企业比例都是地方政治关联的比例最高，银行关联次之，具有中央政治关联的企业比例是最少的。

2008年至2014年的样本年度中国有企业在每一年的样本数目、具有银行关联的样本数、具有中央政治关联的样本数、具有地方关联的样本数和高新技术企业的数目以及具有不同特征的样本占该年度总样本的比例。国有企业的样本数量为3970家，具有不同类型关联的企业同民营企业体现出了同样的分布

特征，从多到少分别为具有地方政治关联的企业有802家，具有银行关联的企业有348家，具有中央政治关联的企业有231家。在所选的样本中，所有样本年度中具有高新技术企业属性的国有企业累计达577家。同民营企业一样，在样本选取的年度区间内，具有不同特征的国有企业在所选企业之中的比例并未体现出上升或下降的规律性特征，但是在每一年中具有不同关联特征的企业比例都是地方政治关联的比例最高，银行关联次之，具有中央政治关联的企业比例是最少的。

将具有不同所有权性质的企业特征的相应情况进行对比。首先，民营企业和国有企业的不同关联形式企业的分布特征相似，均为具有地方政治关联的企业最多，其次是具有银行关联的企业，再次为具有中央政治关联的企业。从具体的比例来看，民营企业中的具有银行关联的企业比例、具有地方政治关联的企业比例、具有中央政治关联的企业比例以及具有高新技术属性的企业均高于国有企业中的相应比例。由于国有企业在经济发展和追求社会福利的过程中承担着更大的责任，能够获得更多的国家"父爱主义"行为，具有预算软约束的特征，因此其相对缺乏寻求关联和高新技术属性等特殊标签的动机，在样本中体现出这种同民营企业的差别是顺理成章的。在这些比例的差别中，国有企业和民营企业中具有地方政治关联的比例差别最小，只相差了1.2%，具有高新技术属性的企业比例相差最大，高达17.4%。另外在民营企业中具有银行关联的企业所占比例为14.4%，而在国有企业中这一比例仅为8.8%，二者的差幅为5.6%；具有中央政治关联的企业比例在民营企业和国有企业中分别为 7.7% 和 5.8%。

在根据企业的所有权性质进行划分之后，从统计方法上检验银行关联和政治关联对于企业长期借款比例的影响是否发生了结构性变化，使用邹至庄检验进行分析获得结果如表 4-2 所示，因此在民营企业样本中和国有企业样本中分别对企业债务期限结构进行回归方程是不同的，银行关联和政治关联的影响经历了结构性变化。

表 4-2　民营企业和国有企业银行关联和政治关联影响的
Chow-test 结果

回归内容	F 统计量	Chow 检验
对债务期限结构的回归	F（4，4983）= 20.91	Prob > F = 0.0000

第二节　模型构建和实证检验

一　计量模型的构建

首先建立模型说明将银行关联、政治关联同时作为解释变量的必要性，我们先按照以往研究中的方法单独将银行关联作为解释变量放入计量回归模型中进行分析，然后再将地方政治关联、中央政治关联作为解释变量放入计量回归模型中进行分析，最后按照本书的做法，将银行关联和政治关联同时放入计量回归模型中进行分析。因此，我们构建以下模型：

$$Lratio_{i,t} = \alpha + \beta_1 Bank_{i,t} + \beta_2 Hte_{i,t} + \beta_3 HHI_{i,t} + \gamma C + Year + \varepsilon_{i,t}$$

(4.0)

$$Lratio_{i,t} = \alpha + \beta_1 Lpcon_{i,t} + \beta_2 Cpcon_{i,t} + \beta_4 Hte_{i,t} + \beta_5 HHI_{i,t} + \gamma C + Year + \varepsilon_{i,t} \quad (4.0')$$

$$Lratio_{i,t} = \alpha + \beta_1 Lpcon_{i,t} + \beta_2 Cpcon_{i,t} + \beta_3 Cpcon_{i,t} + \beta_4 Hte_{i,t} + \beta_5 HHI_{i,t} + \gamma C + Year + \varepsilon_{i,t} \quad (4.1)$$

为检验 H1、H2、H3、H4a、H4b、H4c 将银行关联、地方政治关联和中央政治关联同企业的长期借款比例建立模型（4.1），按照该回归模型分别对全部样本、民营企业的样本和国有企业的样本进行分析，分别对以上假设进行检验。

$$Lratio_{i,t} = \alpha + \beta_1 Lpcon_{i,t} + \beta_2 Bank_{i,t} + \beta_3 Cpcon_{i,t} + \beta_4 Hte_{i,t} + \beta_5 HHI_{i,t} + \gamma C + Year + \varepsilon_{i,t} \quad (4.1)$$

$$Sratio_{i,t} = \alpha + \beta_1 Lpcon_{i,t} + \beta_2 Bank_{i,t} + \beta_3 Cpcon_{i,t} + \beta_4 Hte_{i,t} + \beta_5 HHI_{i,t} + \gamma C + Year + \varepsilon_{i,t} \quad (4.1')$$

其中，ε 是随机误差项，γC 是描述企业特征的控制变量，$Year$ 为时间虚拟变量。由于研究中涉及对企业的高新技术属性的分析，为了避免出现共线性，并未设置行业虚拟变量。

$$\gamma C = \gamma_1 Size + \gamma_2 Cash + \gamma_3 Growth + \gamma_4 Tangible + \gamma_5 Roa + \gamma_6 Currt + \gamma_7 Profit + \gamma_8 EXF + \gamma_9 Q + \gamma_{10} B/M$$

接下来，为了检验企业的高新技术属性调节政治关联和银行关联对长期借款比例的影响，在模型（4.1）的基础上加入企业高新技术属性分别与政治关联和银行关联的交叉项，建立如下调节效应模型。

$$Lratio_{i,t} = \alpha + \beta_1 Lpcon_{i,t} + \beta_2 Bank_{i,t} + \beta_3 Cpcon_{i,t} + \beta_4 Hte_{i,t} + \beta_5 HHI_{i,t} + \beta_6 Hte*Bank_{i,t} + \beta_7 Hte*Lpcon_{i,t} + \gamma C + Year + \varepsilon_{i,t} \quad (4.2)$$

$$Lratio_{i,t} = \alpha + \beta_1 Lpcon_{i,t} + \beta_2 Bank_{i,t} + \beta_3 Cpcon_{i,t} + \beta_4 Hte_{i,t} +$$
$$\beta_5 HHI_{i,t} + \beta_6 Hte * Cpcon_{i,t} + \gamma C + Year + \varepsilon_{i,t} \qquad (4.3)$$

依据对不含交叉项的主效应的分析，在民营企业中，主要是银行关联和地方政治关联对企业的长期借款比重具有显著影响，因此针对民营企业的样本进行高新技术属性调节银行关联和地方政治关联对企业长期借款比重的影响分析以进行假设H6a和H8a的检验，根据模型（4.2）在民营企业样本中的回归分析实现。同样根据主效应的分析结果，国有企业中中央政治关联对企业长期借款比重具有显著影响，根据模型（4.3）添加企业的高新技术属性和中央政治关联的交叉项对H7a中高新技术属性的调节效应进行检验。

二 实证结果的分析

针对全样本下的回归，我们借鉴已有研究的方法采用混合回归进行。针对分样本下的回归，由于已有研究没有给出借鉴，我们按照计量回归选择模型的步骤进行回归模型的选择，我们首先通过F检验进行了混合回归模型和固定效应模型，检验结果选择固定效应模型，进一步通过霍斯曼检验选择固定效应模型还是随机效应模型，结果表明应选择固定效应模型进行分析，考虑到可能存在异方差和序列相关，本书的回归分析运用怀特（White，1980）估计量，使用的统计软件为Stata 11.0。

首先根据收集的数据按照已有的模型，对前人的研究结果进行重复，并根据本书的主题思路，将银行关联和政治关联同时作为解释变量引入模型中进行分析，具体分析的结果如表

4-3所示。在表4-3中，数据分析结果的第一列是单独将银行关联作为解释变量获得的分析结果，第二列是单独将政治关联作为解释变量获得的分析结果，第三列是同时将银行关联和政治关联作为解释变量获得的分析结果。通过将第一列中的分析结果和第三列的分析结果进行对比，模型对被解释变量的解释程度从0.194增加至0.238，将第二列中的分析结果同第三列的分析结果进行对比，模型对被解释变量的解释程度从0.184增加到0.238，因此将银行关联和政治关联同时加入到回归模型中对于企业债务期限结构的解释更充分，这也同我们的理论分析内容即银行关联和政治关联分别从信息不对称和企业财产权保护两个方面对企业的信贷融资产生互补性影响相吻合。因此，本书中选择最后一种回归模型的结果更好。

在第一列中，企业银行关联对企业的债务期限结构的回归系数为0.057，并且在1%的水平上显著，该结果重复了前人的研究分析过程。第三列中，按照我们的做法获得的企业的银行关联对于企业的债务期限结构的回归系数为0.030，并且在1%的水平上显著，同已有研究的分析结果一致，但在控制政治关联变量的基础上进一步印证了已有研究，并支持了本书中假设1。

在表4-3的第二列中，企业的地方政治关联对企业债务期限结构的回归系数为0.142，并且在1%的水平上显著，同已有的单独研究政治关联影响企业债务期限结构的结果相一致。企业中央政治关联对企业的债务期限结构的回归系数为-0.078，并且在1%的水平上显著。第三列中，企业的地方政治关联和企业的中央政治关联对企业债务期限结构的回归系数分别为 0.138 和 -0.082，并且均在 1% 的水平上显著。因此，按照第三列的分析结果，进一步在控制银行关联的情况下印证了地方政治关联对企业债务期限结构的影响，假设 2 获得支持，并且检验了本书中针对企业债务期限结构的假设 3。

表 4-3　政治关联和银行关联对企业债务期限结构影响的模型对比

变量名	变量标签	(1) 银行关联模型	(2) 政治关联模型	(3) 银行关联和政治关联模型
Bank	银行关联	0.057***		0.030***
		(7.428)		(3.778)
Lpcon	地方政治关联		0.142***	0.138***
			(8.125)	(7.739)
Cpcon	中央政治关联		-0.078***	-0.082***
			(-2.970)	(-3.121)
Hte	是否高新技术企业	-0.199***	-0.194***	-0.194***
		(-17.853)	(-16.474)	(-16.592)
HHI	市场集中度	0.041***	0.041***	0.041***
		(2.680)	(2.522)	(2.529)
Size	企业规模	0.207***	0.021*	0.021*
		(2.098)	(1.926)	(1.948)
Cash	现金比率	-0.334***	-0.336***	-0.336***
		(-8.532)	(-8.753)	(-8.744)
Growth	企业成长能力	-0.004	-0.006	-0.006
		(-0.730)	(-0.922)	(-0.939)
Tangible	资产可抵押性	0.311***	0.308***	0.308***
		(77.265)	(82.534)	(80.115)

续表

变量名	变量标签	(1) 银行关联模型	(2) 政治关联模型	(3) 银行关联和政治关联模型
Debt	企业负债水平	0.138***	0.139***	0.139***
		(5.297)	(5.439)	(5.483)
Roa	资产净利率	-0.029	-0.030	-0.029
		(-1.193)	(-1.178)	(-1.155)
Currt	资产流动性	0.477***	0.476***	0.476***
		(17.721)	(17.615)	(17.706)
Profit	企业盈利能力	0.074***	0.076***	0.075***
		(2.887)	(2.884)	(2.853)
EXF	外部融资需求	-0.160***	-0.160***	-0.160***
		(-8.488)	(-8.318)	(-8.355)
Q	托宾Q值	0.026***	0.029***	0.029***
		(4.612)	(5.284)	(5.303)
B/M	账面市值比	0.103***	0.104***	0.104***
		(3.659)	(3.665)	(3.684)
Year	年度	控制	控制	控制
cons	截距项	-0.227***	-0.251***	-0.255***
		(-10.713)	(-9.709)	(-10.061)
N	观测值数	5013	5013	5013
r2A	调整的 R^2	0.194	0.184	0.238
		tstatistics	in	parentheses
		* $p<0.1$	** $p<0.05$	*** $p<0.01$

依据构建的计量模型在获取的全部样本中进行回归分析，并按照本书的研究框架将样本划分为国有企业和民营企业进行划分，在不同的样本中分别进行检验，以考察企业所有制性质的情境效应。表4-4中第一列是在全部样本中进行的回归，第

二列、第三列和第四列是根据模型（4.1）和模型（4.1'）分别对民营企业的长期借款比例、民营企业的短期借款比例和国有企业的长期借款比例进行的回归。首先根据分样本下和全样本下回归结果的对比可以发现，在全样本的情况下银行关联、政治关联对企业债务期限结构的影响是显著的，而在民营企业和国有企业的样本中，银行关联、地方政治关联和中央政治关联对企业债务期限结构的主效应具有和全样本下截然不同的结果。根据第二列的结果，民营企业中银行关联的回归系数为-0.156，并且在1%的水平上显著，根据第四列的回归结果，在国有企业中银行关联对企业债务期限结构的回归系数为0.114，并不存在显著影响，对国有企业和民营企业中银行关联的系数进行相等性检验，结果为 $F(2,4991)=30.73$ ($p<0.0001$)，说明两个系数具有显著性差异，即与国有企业相比，民营企业中银行关联与企业债务期限结构的关系更强，因此，假设4a得到验证。

第二列中民营企业地方政治关联的回归系数为0.066，并且在1%的水平上显著，第四列中地方政治关联对于企业债务期限结构的回归系数为0.013，但影响并不显著，对国有企业和民营企业中地方政治关联的系数进行相等性检验，结果为 $F(2,4991)=39.06$ ($p<0.0001$)，说明两个系数具有显著性差异，即与国有企业相比，在民营企业中地方政治关联与企业债务期限结构的关系更强。因此，假设4b获得支持。

在第四列中，国有企业的中央政治关联对企业债务期限结构的回归系数为-0.038，并且在5%的水平上显著，第二列中，民营企业的中央政治关联对企业债务期限结构的回归系数为0.003，但没有显著影响。对国有企业和民营企业中中央政治关联的系数进行相等性检验，结果为 $F(2,4991)=27.30$ ($p<0.0001$)，说明两个系数具有显著性差异，即与民营企业相比，在国有企业中地方政治关联与企业债务期限结构的关系更强。因此，假设4c获得支持。

表4-4 政治关联和银行关联对国有企业和民营企业债务期限结构的影响

变量名	变量标签	(1) 全样本企业长期借款比例	(2) 民营企业长期借款比例	(3) 民营企业短期借款比例	(4) 国有企业长期借款比例
Bank	银行关联	0.030***	-0.156***	0.117***	0.114
		(3.778)	(-5.363)	(3.119)	(7.16)
Lpcon	地方政治关联	0.138***	0.066***	-0.059***	0.013
		(7.739)	(2.867)	(-2.684)	(0.654)
Cpcon	中央政治关联	-0.082***	0.003	0.066	-0.038**
		(-3.121)	(0.150)	(1.240)	(-2.097)
Hte	是否高新技术企业	-0.194***	0.041	0.156	0.058
		(-16.592)	(0.814)	(1.184)	(1.227)
Cpcon	中央政治关联	-0.082***	0.003	0.066	-0.038**
		(-3.121)	(0.150)	(1.240)	(-2.097)
Hte	是否高新技术企业	-0.194***	0.041	0.156	0.058
		(-16.592)	(0.814)	(1.184)	(1.227)
Debt	企业负债水平	0.139***	0.060*	-0.160***	0.166***
		(5.483)	(1.649)	(-5.387)	(8.664)
HHI	市场集中度	0.041***	0.006	0.023	0.018
		(2.529)	(0.320)	(0.830)	(0.920)

第四章 企业所有制性质的调节作用 | 141

续表

变量名	变量标签	(1) 全样本企业长期借款比例	(2) 民营企业长期借款比例	(3) 民营企业短期借款比例	(4) 国有企业长期借款比例
Size	企业规模	0.021*	-0.058**	-0.0110	0.307***
		(1.948)	(-2.156)	(-0.189)	(9.703)
Cash	现金比率	-0.336***	-0.112***	0.344***	-0.345***
		(-8.744)	(-4.866)	(9.678)	(-7.796)
Growth	企业成长能力	-0.006	-0.015	-0.053***	0.006
		(-0.939)	(-1.379)	(-2.901)	(1.059)
Tangible	资产可抵押性	0.308***	0.151***	-0.130***	0.140***
		(80.115)	(3.892)	(-4.127)	(18.424)
Roa	资产净利率	-0.029	0.034	-0.025	0.034
		(-1.155)	(0.936)	(-0.536)	(1.251)
Currt	资产流动性	0.476***	0.255***	-0.975***	0.405***
		(17.706)	(8.594)	(-16.518)	(12.337)
Profit	企业盈利能力	0.075***	0.039	-0.046	-0.004
		(2.853)	(1.172)	(-0.887)	(-0.140)
EXF	外部融资需求	-0.160***	-0.083***	-0.030***	-0.081***
		(-8.355)	(-8.002)	(-7.250)	(-6.116)
Q	托宾Q值	0.029***	0.001	0.028	0.029**
		(5.303)	(0.057)	(1.551)	(2.167)
B/M	账面市值比	0.104***	0.132***	-0.067***	-0.013
		(3.684)	(6.167)	(-2.773)	(-0.723)
Year	年度	控制	控制	控制	控制
cons	截距项	-0.255***	-0.293***	0.286***	0.115***
		(-10.061)	(-6.171)	(2.833)	(6.776)
N	观测值数	5013	1193	1072	3820
r2A	调整的 R^2	0.238	0.184	0.220	0.157

parentheses in parentheses
*$p<0.1$ **$p<0.05$ ***$p<0.01$

需要注意的是，同全样本下企业的银行关联对其债务期限结构有显著的正向影响的结果不同，在民营企业中银行关联对企业的债务期限结构具有显著的负向影响。企业的借款由长期借款和短期借款构成，长期借款比例的变化意味着短期借款的比例具有相应的反方向的变化，因此第三列中在民营企业中进行对短期借款比例的回归，民营企业中银行关联的回归系数为 0.117，并且在 1% 的水平上显著，说明具有银行关联的民营企业会获得更多次数的短期借款。

表 4-5 是对企业的高新技术属性是否具有调节作用的回归验证结果，根据分样本下不同关联形式对企业债务期限结构的主效应结果，构建了相应的高新技术属性的调节作用假设，并进行了检验。第一列展示的是将高新技术属性与民营企业的银行关联和地方政治关联做交互项进行回归分析获得的结果。当高新技术属性取 0 时，表示民营企业的银行关联和地方政治关联对非高新技术企业的债务期限结构的影响分别为 -0.132 和 0.022；当高新技术属性取 1 时，表示民营企业的银行关联和地方政治关联对高新技术企业债务期限结构的影响分别为 -0.210 和 0.172，如图 4-1 所示。因为企业的高新技术属性与民营企业地方政治关联的交互项显著，说明企业的高新技术属性调节民营企业地方政治关联对企业债务期限结构的影响，假设 4b 获得支持。由于高新技术属性与民营企业银行关联的交互项不显著，说明高新技术属性没有调节民营企业的银行关联对企业债务期限结构的影响，即无论企业是否为高新技术企业，民营企业银行关联对企业债务期限结构的影响不会改变大小和

方向，假设6a没有获得支持。

表4-5 高新技术属性对银行关联和政治关联影响债务期限结构的调节

变量名	变量标签	（1）民营企业银行关联和地方政治关联	（2）国营企业中央政治关联
Lpcon	地方政治关联	0.022	0.013
		(1.088)	(0.643)
Bank	银行关联	-0.132***	0.001
		(-5.896)	(0.040)
Cpcon	中央政治关联	0.007	-0.044*
		(0.343)	(-1.912)
Hte	是否高新技术企业	0.027	0.056
		(0.728)	(1.141)
HHI	市场集中度	0.008	0.018
		(0.415)	(0.922)
Hte_Bank	高新技术属性×银行关联	-0.078	
		(-1.112)	
Hte_Lp	高新技术属性×地方政治关联	0.150***	
		(2.901)	
Hte_Cp	高新技术属性×中央政治关联		0.061
			(0.709)
Size	企业规模	-0.055**	0.308***
		(-2.115)	(9.845)
Cash	现金比率	-0.113***	-0.345***
		(-4.938)	(-7.792)
Growth	企业成长能力	-0.015	0.006
		(-1.319)	(1.057)

续表

变量名	变量标签	(1) 民营企业银行关联和地方政治关联	(2) 国营企业中央政治关联
Tangible	资产可抵押性	0.150***	0.140***
		(4.222)	(18.444)
Debt	企业负债水平	0.060	0.166***
		(1.649)	(8.569)
Roa	资产净利率	0.036	0.0340
		(0.013)	(1.242)
Currt	资产流动性	0.253***	0.405***
		(8.469)	(12.336)
Profit	企业盈利能力	0.036	-0.003
		(1.154)	(-0.135)
EXF	外部融资需求	-0.083***	-0.081***
		(-8.5)	(-6.122)
Q	托宾Q值	0.003	0.029**
		(0.164)	(2.142)
B/M	账面市值比	0.129***	-0.0130
		(5.751)	(-0.731)
Year	年度	控制	控制
cons	截距项	-0.289***	0.116***
		(-7.319)	(6.840)
N	观测值数	1193	3820
r2A	调整的 R^2	0.186	0.157
	tstatistics	in	parentheses
	* $p<0.1$	** $p<0.05$	*** $p<0.01$

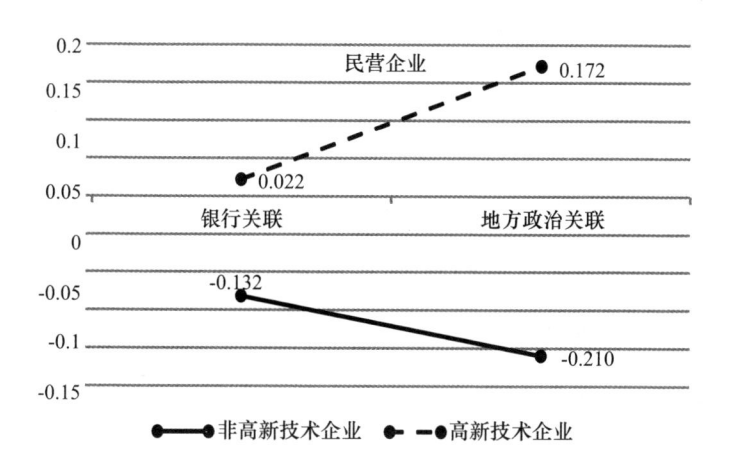

图 4-1 高新技术属性对民营企业银行关联和地方政治关联的调节作用

表 4-5 的第二列回归结果展示的是将企业的高新技术属性和国有企业的中央政治关联做交互项进行回归的结果，当高新技术属性取 0 时，国有企业中央政治关联对企业的债务期限结构的影响是 -0.044；当企业的高新技术属性取 1 时，国有企业中央政治关联对企业的债务期限结构的影响是 0.017。因为企业的高新技术属性和国有企业中央政治关联交互项不显著，说明企业的高新技术属性没有调节国有企业中央政治关联对其债务期限结构的影响，因此假设 7a 没有获得支持。

从表 4-5 的分析结果可以看出假设 6a 和假设 7a 没有获得支持。从寻租的视角进行解释，高新技术企业的申请认定是通过地方的相关权力机关实现的，当企业获得高新技术企业的认定时，说明企业在地方的实力获得了政府部门的相关认可，甚至于表明企业在地方政府的寻租能力得到了一定的体现，具有地方政治关联的企业在进行申贷过程的干预时需要进行的也是向地方政府进行寻租，因此具有高新技术企业属性的企业在地方政治关联的支撑下其寻租的能力能够获得更好的体现，但是对于具有银行关联的民营企业来说，向地方政府寻租的能力不能够实现与其银行关联的良性互动，因此假设 6a 没有通过检验。同理，在企业信贷融资的过程中，地方政府可以通过对产业支撑政策的贯彻实施而成为直接的创租方，而中央政府则更多地充当高高在上的政策制定者，因此无论是在高新技术企业认定的过程中还是在企业申贷的过程中，企业的合法寻租行为的对象都是地方政府（巫永平和吴德荣，2010），因此具有高新技术属性的特点不能够正向调节具有中央政治关联的国有企业对其债务期限结构的影响，假设 7a 无法获得验证。

第三节　稳健性检验

本部分的稳健性检验从三个方面进行：第一，变量多重共线性的分析，通过计算变量的方差膨胀因子实现；第二，变量界定方式的替换检验，借用以往文献中的做法，仅采用企业的董事长和经理的银行任职经历和中央政府、地方政府的任职经历以及是否有担任人大代表、政协委员的经理来界定企业的银行关联和政治关联的情况，采用变量管理者银行关联（Mbank）、管理者中央政治关联（Mcpcon）、管理者地方政治关联（Mlpcon）替代原有的银行关联（Bank）、中央政治关联（Cpcon）和地方政治关联（Lpcon）。同时，将企业的借款数量由企业借款量的自然对数替换为企业借款量占总资产的比例。

第三，变量的内生性检验，根据以往文献的研究成果选择银行关联和政治关联的工具变量进行两阶段回归分析。

一 多重共线性检验

根据相关系数表的分析以及在分样本下分析获得的相关关系图可见本书中变量之间具有高度相关性，因此对研究中的主要变量在全样本下和分样本下分别进行多重共线性分析并计算获得方差膨胀因子和容忍度。根据多重共线性的判断原则，本书中各个变量的方差膨胀因子均远小于10，全样本下所有变量的方差膨胀因子的平均值为2.57，分样本下所有变量的方差膨胀因子的平均值为2.37，因此本书不存在严重多重共线性问题。

二 采用管理层的银行关联和政治关联数据

本部分的稳健性检验主要采取变量替换的方法，将管理层和主要股东的政治关联、银行关联按照遗忘研究的界定方式替换为管理层的中央政治关联、地方政治关联和银行关联，将企业的借款数量由借款总量的自然对数替换为企业每年的借款总量占资产合计之比。

表4-6为相应变量与其替换变量的描述性统计特征，主要包括其观察值的数目、平均值、标准差、中位数以及最大最小值。根据表中的内容，两种对借款数量的界定方式所形成的变量借款数量（Loan）和借款数量/资产合计（Loanratio）是具有不同描述性特征的两个完全不同类型的变量。而中央政治关联、

地方政治关联和银行关联与管理层中央政治关联、管理层地方政治关联和管理层银行关联在所列出的统计特征中差别非常小，只有地方政治关联的平均值从 0.210 变化为管理层地方政治关联的平均值 0.200。

表 4-6　　稳健性检验相关变量的描述性统计特征

变量	变量标签	观察值	平均值	标准差	中位数	最小值	最大值
Loan	借款数量	5507	20.52	1.470	20.47	14.32	25.43
Loanratio	借款数量/资产合计	5507	0.240	0.140	0.230	0	0.810
Bank	银行关联	5507	0.100	0.300	0	0	1
Lpcon	地方政治关联	5507	0.210	0.400	0	0	1
Cpcon	中央政治关联	5507	0.060	0.240	0	0	1
Mbank	管理层银行关联	5507	0.100	0.300	0	0	1
Mlpcon	管理层地方政治关联	5507	0.200	0.400	0	0	1
Mcpcon	管理层中央政治关联	5507	0.060	0.240	0	0	1

根据计量回归模型，进行相应的变量替换获得的管理层银行关联和管理层政治关联对国有企业和民营企业的债务期限结构的影响分析结果如表 4-7 所示。表 4-7 中的回归分析结果同表 4-4 中的结果进行比较，在全样本下，银行关联、地方政治关联、中央政治关联对企业债务期限结构的回归系数分别从 0.030、0.138、-0.082 变为 0.022、0.137、-0.085，并且只有银行关联系数的显著性水平由 1% 变为 5%，其他系数的显著性水平均未发生变化。因此对于假设 1、2、3 的检验结果是稳健的。分样本地方政治关联对民营企业的长期借款比例、民营企业的短期借款比例的影响系数从 0.066、-0.059 变为

0.073、-0.057，后者的显著性水平由1%变化为5%；银行关联对民营企业的长期借款比例、民营企业的短期借款比例的影响系数从-0.156、0.117变为-0.165、0.119，所有结果均在1%的显著水平上显著；中央政治关联对国有企业长期借款比例的影响系数和显著水平依旧为-0.038，在5%的水平上显著。因此，对于假设4a、4b、4c的检验结果是稳健的。

表4-7　银行关联和政治关联对信贷融资期限结构影响的稳健性检验

变量名	变量标签	(1) 总样本长期借款比例	(2) 民营企业长期借款比例	(3) 民营企业短期借款比例	(4) 国有企业长期借款比例
Mlpcon	管理层地方政治关联	0.137***	0.073***	-0.057**	0.014
		(7.451)	(2.817)	(-2.067)	(0.672)
Mbank	管理层银行关联	0.022**	-0.165***	0.119***	0.126
		(2.060)	(-4.761)	(3.237)	(5.41)
Mcpcon	管理层中央政治关联	-0.085***	-0.016	0.041	-0.038**
		(-3.249)	(-0.594)	(0.768)	(-2.093)
Hte	是否高新技术企业	-0.194***	0.040	0.154	0.058
		(-16.090)	(0.799)	(1.172)	(1.229)
HHI	市场集中度	0.041***	0.006	0.023	0.018
		(2.541)	(0.336)	(0.800)	(0.921)
Size	企业规模	0.021*	-0.061**	-0.010	0.307***
		(1.924)	(-2.235)	(-0.190)	(9.705)
Cash	现金比率	-0.336***	-0.113***	0.344***	-0.345***
		(-8.812)	(-4.820)	(9.957)	(-7.799)
Growth	企业成长能力	-0.006	-0.014	-0.051***	0.006
		(-0.933)	(-1.334)	(-2.676)	(1.058)

续表

变量名	变量标签	(1) 总样本长期借款比例	(2) 民营企业长期借款比例	(3) 民营企业短期借款比例	(4) 国有企业长期借款比例
Tangible	资产可抵押性	0.308***	0.151***	-0.129***	0.140***
		(80.329)	(3.883)	(-4.055)	(18.439)
Debt	企业负债水平	0.139***	0.059	-0.158***	0.166***
		(5.470)	(1.635)	(-5.308)	(8.667)
Roa	资产净利率	-0.029	0.035	-0.026	0.034
		(-1.143)	(0.954)	(-0.559)	(1.251)
Currt	资产流动性	0.476***	0.255***	-0.974***	0.405***
		(17.745)	(8.533)	(-16.725)	(12.336)
Profit	企业盈利能力	0.075***	0.038	-0.045	-0.003
		(2.855)	(1.144)	(-0.881)	(-0.140)
EXF	外部融资需求	-0.160***	-0.083***	-0.030***	-0.081***
		(-8.309)	(-7.935)	(-6.982)	(-6.119)
Q	托宾Q值	0.029***	0.001	0.029	0.029**
		(5.248)	(0.065)	(1.608)	(2.170)
B/M	账面市值比	0.104***	0.131***	-0.064***	-0.013
		(3.684)	(5.940)	(-2.801)	(-0.723)
Year	年度	控制	控制	控制	控制
cons	截距项	-0.253***	-0.292***	0.288***	0.115***
		(-9.516)	(-6.182)	(2.879)	(6.739)
N	观测值数	5013	1193	1072	3820
r2A	调整的 R^2	0.237	0.185	0.219	0.157
		tstatistics	in	parentheses	
		* $p<0.1$	** $p<0.0$	*** $p<0.01$	

同样地进行变量替换检验高新技术企业属性的调节作用，如表 4-8 所示。获得的结果同表 4-5 中的一致，只有高新技

术属性和地方政治关联的交互项在5%的显著水平上获得系数0.144，假设6a、7a、8a通过该稳健性检验。

表4-8　高新技术属性对债务期限结构调节的稳健性检验

变量名	变量标签	（1）民营企业银行关联和地方政治关联	（2）国营企业中央政治关联
Mlpcon	管理层地方政治关联	0.030	0.0140
		(1.037)	(0.662)
Mbank	管理层银行关联	-0.145***	0
		(-5.513)	(0.005)
Mcpcon	管理层中央政治关联	-0.013	-0.044*
		(-0.458)	(-1.906)
Hte	是否高新技术企业	0.025	0.056
		(0.665)	(1.144)
HHI	市场集中度	0.008	0.018
		(0.406)	(0.923)
Hte_Mbank	高新技术属性×管理层银行关联	-0.063	
		(-0.979)	
Hte_Mlp	高新技术属性×管理层地方政治关联	0.144**	
		(2.492)	
Hte_Mcp	高新技术属性×管理层中央政治关联		0.060
			(0.707)
Size	企业规模	-0.056**	0.308***
		(-2.183)	(9.847)
Cash	现金比率	-0.113***	-0.345***
		(-4.889)	(-7.795)

续表

变量名	变量标签	（1）民营企业银行关联和地方政治关联	（2）国营企业中央政治关联
Growth	企业成长能力	-0.014	0.006
		(-1.276)	(1.056)
Tangible	资产可抵押性	0.150***	0.140***
		(4.203)	(18.458)
Debt	企业负债水平	0.060*	0.166***
		(1.675)	(8.572)
Roa	资产净利率	0.037	0.034
		(1.038)	(1.243)
Currt	资产流动性	0.253***	0.405***
		(8.365)	(12.335)
Profit	企业盈利能力	0.036	-0.003
		(1.142)	(-0.135)
EXF	外部融资需求	-0.083***	-0.081***
		(-8.371)	(-6.125)
Q	托宾Q值	0.003	0.029**
		(0.172)	(2.144)
B/M	账面市值比	0.128***	-0.014
		(5.503)	(-0.730)
Year	年度	控制	控制
cons	截距项	-0.287***	0.116***
		(-7.271)	(6.804)
N	观测值数	1193	3820
r2A	调整的 R^2	0.187	0.157
	tstatistics	in	parentheses
	$* p<0.1$	$** p<0.05$	$*** p<0.01$

三 变量的内生性检验

采用两阶段最小二乘法控制内生性问题,首先重中之重是选择合适的工具变量进行运用。通过基于面板数据所做的回归分析我们得知企业的银行关联和政治关联同企业债务期限结构和借款数量具有显著相关性,并且这种相关性会在不同的分样本分析中具有完全迥异的体现,然而这种相关性可能是由于企业政治关联和银行关联内生于企业的自身特征而形成的一种伪相关性(Fan et al., 2007)。我们分别在不同的子样本中进行银行关联和政治关联的内生性检验。由于本书中进行了分样本的研究,根据样本的划分情况分别在不同子样本中选取合适的工具变量。

本章的研究依据企业的所有权性质进行划分,针对民营企业样本,选择企业的规模、年龄、高新技术属性和企业的成长能力作为银行关联和政治关联的工具变量进行内生性检验(余明桂和潘红波,2008)。第一步,通过过度识别检验确定工具变量是否存在识别过度或识别不足的问题,即工具变量是与内生变量相关而与干扰项不相关。根据工具变量的识别检验,工具变量的选择是合适的。第二步,进行两阶段回归,并使用戴维森—麦金农检验检验内生性问题对两阶段回归和普通最小二乘法估计结果的影响,最终 $p = 0.5172$ 接受原假设,即内生性问题对回归估计结果影响不大,可以忽略(戴维森等,2006)。针对国有企业分样本下的内生性检验,选择信贷市场集中度、企业年龄作为政治关联的工具变量,选择企业盈利能力和信贷市场集中度作为银行关联的工具变量（余明桂和潘红波，2008）。由于政治关联和银行关联的工具变量不同，因此分别进行内生性检验，依据前面的步骤进行政治关联变量的过度识别检验，检验结果表明工具变量恰好识别内生变量，进一步进行戴维森—麦金农检验检验 2SLS 和 OLS 回归估计结果的差异，获得 $p=0.6289$ 接受原假设，即不存在内生性。同样的步骤进行银行关联的内生性检验，检验结果表明不存在工具变量过度识别或识别不足的问题，并且 $p=0.6229$ 接受戴维森—麦金农检验的原假设，不存在内生性问题。针对不同所有权性质划分下的高新技术属性的调节作用的内生性检验，同样采用 2SLS 进行，企业高新技术属性同银行关联或政治关联的交互项选择银行关联或政治关联的工具变量，因此不必再重复进行工具变量的过度识别检验，只需进行戴维森—麦金农检验，在民营企业中高新技术属性对企业银行关联的调节作用内生性检验结果为 $p=0.3383$，不存在内生性；在民营企业中高新技术属性对企业地方政治关联的调节作用内生性检验结果为 $p=0.6996$，不存在内生性；在国有企业中高新技术属性对企业中央政治关联的调节作用内生性检验结果为 $p=0.5944$，不存在内生性。至此，基于企业所有制性质划分的以企业的债务期限结构作为被解释变量的回归估计结果全部通过内生性检验。

第四节　本章小结

通过数据的收集、处理和变量的相关系数计算，并按照假设内容构建计量模型进行回归分析以及相应的稳健性检验，对本章中所进行的假设检验的汇总结果如表4-9所示。

本章的研究共涉及9项假设，包括3项主效应的假设和6项调节效应的假设。经过相应的检验过程，测定主效应的假设中所有3项假设均通过检验获得支持；测定调节效应的假设中共有4项假设通过检验获得支持，其余2项假设没有通过检验。

表4-9　　　　　　假设检验结果汇总

序号	假设内容	检验结果
假设1	银行关联能够正向影响企业的债务期限结构	支持
假设2	地方政治关联能够正向影响企业的债务期限结构	支持
假设3	中央政治关联能够负向影响企业的债务期限结构	支持
假设4a	相对于国有企业，民营企业中银行关联与企业债务期限结构的关系更强	支持
假设4b	相对于国有企业，民营企业中地方政治关联与企业债务期限结构的关系更强	支持
假设4c	相对于民营企业，国有企业中中央政治关联与企业债务期限结构的关系更强	支持
假设6a	在民营企业中，高新技术属性负向调节银行关联对企业债务期限结构的影响	不支持
假设7a	在国有企业中，高新技术属性负向调节中央政治关联对企业债务期限结构的影响	不支持
假设8a	在民营企业中，高新技术属性正向调节地方政治关联对企业债务期限结构的影响	支持

第五章 信贷市场竞争程度的调节作用

第一节 数据的描述性统计分析

一 数据的来源与预处理

本部分的研究所选的样本同上一部分相同，选取 2008—2014 年 A 股市场非金融类上市公司的数据作为初始样本数据，选择原因主要基于以下两个方面：第一，在 2007 年以后我国的上市公司采用新的企业会计准则进行会计核算，并且在 2008 年我国上市公司的股权分置改革已经接近完成，因此所选时期的数据同时规避了企业财务数据口径不一致和股权分置改革的影响；第二，我国于 2008 年颁布了新的高新技术企业的审核认定标准，并于 2008 年开始施行，针对高新技术企业严格按照新的标准进行认定并予以公示，为我们对高新技术企业的统计提供了信息支持。

根据研究需要，本书在选择样本时按照以下标准对数据进行了筛选:(1)剔除金融类上市公司,这是因为金融类上市公司的特殊性;(2)剔除具有 A 股外同时拥有 B 股或 H 股的公司,这是因为外资股的股价与 A 股的不同,并且外资控制的公司不属于我们的研究范畴;(3)剔除资产负债率超过 100% 的资不抵债的公司;(4)剔除在 2008—2014 年间被视为 PT 或 ST 的公司,这类公司存在财务问题已经退市或者即将退市;(5)剔除在 2008—2014 年间企业的所有制结构发生根本变化的公司,这是基于我们在研究中会涉及企业的所有权问题;(6)剔除企业家信息介绍不详细或数据缺失的公司,在这些公司中我们无法获得所研究变量的完整信息。本部分的研究依据企业所在地区的市场集中度对样本企业类型进行划分。首先计算获得每个样本年度不同地区的赫芬达尔—赫希曼指数,即从中国人民银行政策法规中获得的不同地区的金融运行报告,在每一个地区不同年度的报告中第一份表格均为"某年某地银行业金融机构情况",该表格按照银行业的不同机构类别(包括大型商业银行、国家开发银行和政策性银行、股份制商业银行、城市商业银行、小型的农村金融机构、财务公司、信托公司、邮政储蓄、外资银行、新型农村金融机构等)分别罗列出每一类中的机构个数、从业人数、资产合计、法人机构的数量,本书利用其中资产合计的数据,根据市场集中度的公式计算出每一年不同地区的赫芬达尔—赫尔曼指数 HHI。然后使用每一年度的所有地区的赫芬达尔指数的平均值作为分界点,高于均值的划分为高市场集中度地区,低于均值的划分为低市场集中度地区。

二 不同信贷市场竞争程度地区企业的政治关联、银行关联和高新技术属性分析

在将企业按照其所在地区的信贷市场集中度划分为两种不同的类型后,企业在银行关联、政治关联和高新技术属性等方面表现出了不同的特征,表5-1和表5-2分别对不同类型的企业以上特征的分布情况进行了统计和对比。

表5-1是在2008—2014年的样本年度中具有高信贷市场集中度的地区企业在每一年的样本数目、具有银行关联的样本数、具有中央政治关联的样本数、具有地方关联的样本数和高新技术企业的数目以及具有不同特征的样本占该年度总样本的比例。在七年所收集的样本中,处于高信贷市场集中度地区的企业共有2690家,三种不同形式的关联中具有地方政治关联的企业最多,达到574家,具有银行关联的为286家,只有185家企业具有中央政治关联。在所有纳入研究的高信贷市场集中度地区的企业中七年内具有高新技术企业属性的累计为520家。并且在样本选取的年度区间内,具有不同特征的高信贷市场集中度地区的企业在所选企业之中的比例并未体现出上升或下降的规律性特征,但是在每一年中具有不同关联特征的企业比例都是地方政治关联的比例最高,银行关联次之,具有中央政治关联的企业比例是最少的。

表5-2是在2008—2014年的样本年度中具有低信贷市场集中度的地区企业在每一年的样本数目、具有银行关联的样本数、具有中央政治关联的样本数、具有地方关联的样本数和高新技术企业的数目以及具有不同特征的样本占该年度总样本的

表 5-1 高信贷市场集中度地区企业的政治关联、银行关联和高新技术属性情况

高市场集中度地区的企业	2008年	2009年	2010年	2011年	2012年	2013年	2014年	总计
样本数	552	697	703	253	66	232	187	2690
企业具有银行关联数目	68	68	73	27	13	18	19	286
企业具有地方政治关联数目	133	158	137	58	22	37	29	574
企业具有中央政治关联数目	38	51	46	20	6	7	17	185
高新技术企业数目	92	132	159	56	5	42	34	520
银行关联占比	12.3%	9.8%	10.4%	10.7%	19.7%	7.8%	10.2%	10.6%
地方政治关联占比	24.1%	22.7%	19.5%	22.9%	33.3%	15.9%	15.5%	21.3%
中央政治关联占比	6.9%	7.3%	6.5%	7.9%	9.1%	3.0%	9.1%	6.9%
高新技术企业占比	16.7%	18.9%	22.6%	22.1%	7.6%	18.1%	18.2%	19.3%

比例。在七年所收集的样本中，处于低信贷市场集中度地区的企业共有2817家，三种不同形式的关联中具有地方政治关联的企业最多，达到557家，具有银行关联的为284家，只有164家的企业具有中央政治关联。在所有纳入研究的低信贷市场集中度地区的企业中七年内具有高新技术企业属性的累计为548家。并且在样本选取的年度区间内，具有不同特征的低信贷市场集中度地区的企业在所选企业之中的比例并未体现出上升或下降的规律性特征，但是在每一年中具有不同关联特征的企业比例都是地方政治关联的比例最高，银行关联次之，具有中央政治关联的企业比例是最少的。

表 5-2 低信贷市场集中度地区企业的政治关联、银行关联和高新技术属性情况

低市场集中度地区的企业	2008年	2009年	2010年	2011年	2012年	2013年	2014年	总计
样本数	102	66	86	473	821	609	660	2817
企业具有银行关联数目	12	5	6	54	77	50	80	284
企业具有地方政治关联数目	30	13	17	115	133	106	143	557
企业具有中央政治关联数目	10	2	5	34	41	31	41	164
高新技术企业数目	7	8	17	89	190	126	111	548
银行关联占比	11.8%	7.6%	7.0%	11.4%	9.4%	8.2%	12.1%	10.1%
地方政治关联占比	29.4%	19.7%	19.8%	24.3%	16.2%	17.4%	21.7%	19.8%
中央政治关联占比	9.8%	3.0%	5.8%	7.2%	5.0%	5.1%	6.2%	5.8%
高新技术企业占比	6.9%	12.1%	19.8%	18.8%	23.1%	20.7%	16.8%	19.5%

将处于不同信贷市场集中度地区的企业特征的相应情况进行对比。首先，在高信贷市场集中度地区的企业和低信贷市场集中度地区的企业的不同关联形式企业的分布特征相似，均为具有地方政治关联的企业最多，其次是具有银行关联的企业，再次为具有中央政治关联的企业。具有地方政治关联的企业在高信贷市场集中度的地区和低信贷市场集中度的地区比例分别达到了21.3%和19.8%。从具体的比例来看不同信贷市场竞争程度地区企业中的具有银行关联的企业比例、具有地方政治关联的企业比例、具有中央政治关联的企业比例以及具有高新技术属性的企业比例均相差不大。具体地讲，在两种地区类型中，低信贷市场集中度地区的企业中具有地方政治关联的企业比例

比高信贷市场集中度地区相应的比例低1.5%,低信贷市场集中度地区的企业中具有高新技术属性的企业比例比高信贷市场集中度地区相应的比例高0.2%。高信贷市场集中度地区的企业中具有中央政治关联的企业比例和具有银行关联的企业比例均高于低市场集中度地区的企业的相应比例,其高出的幅度分别为1.1%和0.5%。

将企业样本按照地区信贷市场集中度进行划分,通过邹至庄检验来探究企业所在地区的信贷市场集中度不同是否给银行关联和政治关联对于企业债务期限结构的影响带来结构性变化,邹检验的结果如表5-3所示,因此在不同的信贷市场集中度地区的企业政治关联和银行关联对企业债务期限结构的影响产生了结构性的变化,开展分样本分析是有必要的。

表5-3 高信贷市场集中度地区企业和低信贷市场集中度地区

企业银行关联和政治关联影响的 Chow-test 结果

回归内容	F 统计量	Chow-test 结果
对企业债务期限结构的回归	$F(4, 4989) = 2.35$	$Prob > F = 0.0518$

第二节 信贷市场竞争情境下的银行关联、政治关联的影响和高新技术属性的调节

一 模型的构建

检验 H5a、H5b、H5c 是在不同的样本中按照模型(5.1)进行分析,分别针对高信贷市场集中度的地区和低信贷市场集

中度的地区运行模型（5.1'）。通过逐步回归法进行分析，按照企业所在地区信贷市场集中度水平进行划分的子样本中企业的所有权性质被剔除，因此本部分模型中不包含变量 State。

$$Lratio_{i,t} = \alpha + \beta_1 Lpcon_{i,t} + \beta_2 Bank_{i,t} + \beta_3 Cpcon_{i,t} + \beta_4 Hte_{i,t} +$$
$$\beta_5 HHI_{i,t} + \gamma C + Year + \varepsilon_{i,t} \tag{5.1}$$

$$Sratio_{i,t} = \alpha + \beta_1 Lpcon_{i,t} + \beta_2 Bank_{i,t} + \beta_3 Cpcon_{i,t} + \beta_4 Hte_{i,t} +$$
$$\beta_5 HHI_{i,t} + \gamma C + Year + \varepsilon_{i,t} \tag{5.1'}$$

进一步，为了检验高新技术属性调节企业政治关联和银行关联对长期借款比例的影响是否在具有不同信贷市场竞争程度的地区存在，分别加入高新技术属性和政治关联、银行关联的交互项建立模型（5.2）和模型（5.3），并在高信贷市场集中度地区的企业样本中运行模型（5.2），在低信贷市场集中度地区的企业样本中运行模型（5.3），从而实现对假设 H6b、H7b 和 H8b 的检验。

$$Lratio_{i,t} = \alpha + \beta_1 Lpcon_{i,t} + \beta_2 Bank_{i,t} + \beta_3 Cpcon_{i,t} + \beta_4 Hte_{i,t} +$$
$$\beta_5 HHI_{i,t} + \beta_6 Hte * Bank_{i,t} + \beta_7 Hte * Cpcon_{i,t} + \gamma C + Year + \varepsilon_{i,t}$$
$$\tag{5.2}$$

$$Lratio_{i,t} = \alpha + \beta_1 Lpcon_{i,t} + \beta_2 Bank_{i,t} + \beta_3 Cpcon_{i,t} + \beta_4 Hte_{i,t} +$$
$$\beta_5 HHI_{i,t} + \beta_6 Hte * Lpcon_{i,t} + \gamma C + Year + \varepsilon_{i,t} \tag{5.3}$$

二 实证结果分析

根据前面构建的计量模型，首先依次通过 F 检验和霍斯曼检验进行模型的选择，根据 F 检验的结果选择固定效应模型，根据霍斯曼检验的结果在固定效应模型和随机效应模型中也应选择固定效应模型进行分析，考虑到可能存在异方差和序列相关，本书的回归分析运用怀特（White，1980）估计量，继续使用统计软件 Stata 11.0 进行相应操作。

表5－4是根据上一节中构建的计量模型进行回归分析获得的结果，回归结果部分共有四列的内容。第一列为模型（5.1）在全样本下针对企业的长期借款占总借款的比例进行回归的结果，第二列、第三列和第四列均为将企业按照其所在地区的信贷市场集中度水平划分获得的不同分样本下进行的回归分析结果。第二列和第三列是在高信贷市场集中度地区的企业中分别针对长期借款的比例和短期借款的比例进行的分析，第四列是在低信贷市场集中度地区针对长期借款比例进行的分析。

表5－4　政治关联、银行关联对不同信贷市场集中度地区企业的债务期限结构的影响

变量名	变量标签	（1）全样本企业长期借款比例	（2）高信贷市场集中度地区企业长期比例	（3）高信贷市场集中度地区企业短期比例	（4）低信贷市场集中度地区企业长期比例
Lpcon	地方政治关联	0.138***	0.003	－0.006	0.073***
		(7.739)	(0.341)	(－0.791)	(4.018)
Bank	银行关联	0.030***	－0.049**	0.096***	0.012
		(3.778)	(－2.154)	(7.978)	(0.389)
Cpcon	中央政治关联	－0.082***	－0.039***	0.0130	－0.025
		(－5.295)	(－5.295)	(0.331)	(－1.192)
Hte	是否高新技术企业	－0.194***	0.005	－0.019	0.028*
		(－16.592)	(0.095)	(－0.674)	(1.797)

续表

变量名	变量标签	(1) 全样本企业长期借款比例	(2) 高信贷市场集中度地区企业长期比例	(3) 高信贷市场集中度地区企业短期比例	(4) 低信贷市场集中度地区企业长期比例
HHI	市场集中度	0.041***	-0.030	0.044	0.059***
		(2.529)	(-0.445)	(0.843)	(4.795)
Size	企业规模	0.021*	0.271***	-0.336***	0.222***
		(1.948)	(3.705)	(-5.168)	(5.014)
Cash	现金比率	-0.336***	-0.252***	0.303***	-0.207***
		(-8.744)	(-5.167)	(5.473)	(-8.154)
Growth	企业成长	-0.006	-0.004	0.003	0.019
		(-0.939)	(-0.869)	(0.868)	(1.542)
Tangible	资产可抵押性	0.308***	0.169***	-0.0460	0.071***
		(80.115)	(3.125)	(-1.476)	(2.769)
Debt	企业负债水平	0.139***	0.021	-0.106***	0.204***
		(5.483)	(1.247)	(-4.458)	(4.325)
Roa	资产净利率	-0.029	0.024	-0.084***	0.023
		(-1.155)	(0.517)	(-3.480)	(0.808)
Currt	资产流动性	0.476***	0.318***	-0.719***	0.360***
		(17.706)	(10.356)	(-6.668)	(9.646)
Profit	企业盈利能力	0.075***	-0.021	0.026	0.017
		(2.853)	(-0.637)	(0.909)	(0.636)
EXF	外部融资需求	-0.160***	-0.085***	-0.050***	-0.056***
		(-8.355)	(-6.819)	(-4.820)	(-5.931)
Q	托宾Q值	0.029***	0.050***	-0.038***	0.011
		(5.303)	(4.329)	(-3.690)	(0.834)
B/M	账面市值比	0.104***	0.099***	-0.056***	-0.009
		(3.684)	(13.952)	(-4.050)	(-0.751)
Year	年度	控制	控制	控制	控制
cons	截距项	-0.255***	0.122	-0.142**	-0.074***

续表

变量名	变量标签	(1)	(2)	(3)	(4)
		全样本企业长期借款比例	高信贷市场集中度地区企业长期比例	高信贷市场集中度地区企业短期比例	低信贷市场集中度地区企业长期比例
		(-10.061)	(1.380)	(-2.145)	(-7.221)
N	观测值数	5013	2393	2231	2620
r2_A	调整的R2	0.238	0.147	0.133	0.155
		tstatistics	in	parentheses	
		* p<0.1	** p<0.05	*** p<0.01	

根据不同样本下的分析结果可以发现银行关联、中央政治关联和地方政治关联对企业的债务期限结构的影响的结果在不同的企业类型中差别明显。根据第二列的回归结果，在高信贷市场集中度地区的企业中，银行关联对企业的长期借款比例具有显著的负向影响，其回归系数为 -0.049，并在5%的水平上显著，在低信贷市场集中度地区的企业中，银行关联对企业的债务期限结构的回归系数为 0.012，但并不显著。对高信贷市场集中度地区和低信贷市场集中度地区企业的银行关联的系数进行相等性检验，结果为 $F(2,4991) = 19.27$（$p < 0.0001$），说明两个系数具有显著性差异，即与低信贷市场集中度地区的企业相比，高信贷市场集中度地区的企业银行关联与企业债务期限结构的关系更强，因此，假设5a获得支持。

表5-4中第二列的回归结果中，高信贷市场集中度地区的企业具有中央政治关联具有1%显著水平上的负面影响，回归系数为 -0.039，第四列的回归结果中，在低信贷市场集中度

的地区，中央政治关联对企业债务期限结构的回归系数为 -0.025，但不显著。对高信贷市场集中度地区和低信贷市场集中度地区企业的中央政治关联的系数进行相等性检验，结果为 F（2，4991）=20.49（p<0.0001），说明两个系数具有显著性差异，即与低信贷市场集中度地区的企业相比，高信贷市场集中度地区的企业中央政治关联与企业债务期限结构的关系更强，因此，假设5b获得支持。

表5-4中第四列所展示的针对低信贷市场集中度地区企业的回归结果中，地方政治关联对企业的长期借款比例体现出显著的正向影响，其回归系数为0.073，在1%的水平上显著，相应地在高信贷市场集中度地区企业的地方政治关联对债务期限结构的回归系数为0.003，但并不显著。对高信贷市场集中度地区和低信贷市场集中度地区企业的地方政治关联的系数进行相等性检验，结果为 F（2，4991）=21.68（p<0.0001），说明两个系数具有显著性差异，即与高信贷市场集中度地区的企业相比，低信贷市场集中度地区的企业中央政治关联与企业债务期限结构的关系更强，因此假设5c通过检验。

表5-5是对企业的高新技术属性是否具有调节作用的回归验证结果，根据分样本下不同关联形式对企业债务期限结构的主效应结果，构建了相应的高新技术属性的调节作用假设，并进行了检验。表5-5中回归结果的第一列展示的是高信贷市场集中度地区企业的银行关联和中央政治关联与企业高新技术属性做交互项进行回归分析获得的结果。当企业高新技术属性取值为0时，高信贷市场集中度地区企业的银行关联和中央政治

关联对企业债务期限结构的影响分别为 -0.043 和 -0.042；当企业高新技术属性取值为 1 时，表示高信贷市场集中度地区的企业银行关联和中央政治关联对企业债务期限结构的影响分别为 -0.099 和 -0.021。如图 5-1 所示。

表 5-5　高新技术属性对不同信贷市场集中度地区企业的债务期限结构的调节作用

变量名	变量标签	(1) 高市场集中度地区企业银行关联和中央政治关联	(2) 低市场集中度地区企业地方政治关联
Lpcon	地方政治关联	0.003	0.081***
		(0.264)	(4.260)
Bank	银行关联	-0.043*	0.011
		(-1.672)	(0.362)
Cpcon	中央政治关联	-0.042***	-0.026
		(-3.187)	(-1.223)
Hte	是否高新技术企业	0.010	0.040**
		(0.205)	(2.365)
HHI	市场集中度	-0.029	0.059***
		(-0.436)	(4.714)
Hte_Bank	高新技术属性×银行关联	-0.056***	
		(-2.764)	
Hte_Cp	高新技术属性×中央政治关联	0.021	
		(0.141)	
Hte_Lp	高新技术属性×地方政治关联		-0.058***
			(-5.720)
Size	企业规模	0.272***	0.219***
		(3.725)	(4.969)

续表

变量名	变量标签	(1) 高市场集中度地区企业银行关联和中央政治关联	(2) 低市场集中度地区企业地方政治关联
Cash	现金比率	-0.252***	-0.206***
		(-5.140)	(-8.135)
Growth	企业成长能力	-0.004	0.020
		(-0.864)	(1.576)
Tangible	资产可抵押性	0.168***	0.071***
		(3.102)	(2.798)
Debt	企业负债水平	0.021	0.204***
		(1.259)	(4.347)
Roa	资产净利率	0.024	0.024
		(0.520)	(0.833)
Currt	资产流动性	0.317***	0.360***
		(10.378)	(9.666)
Profit	企业盈利能力	-0.021	0.017
		(-0.639)	(0.629)
EXF	外部融资需求	-0.085***	-0.057***
		(-6.612)	(-5.988)
Q	托宾Q值	0.050***	0.010
		(4.397)	(0.818)
B/M	账面市值比	0.099***	-0.008
		(13.647)	(-0.724)
Year	年度	控制	控制
cons	截距项	0.121	-0.078***
		(1.394)	(-7.367)
N	观测值数	2393	2620
r2A	调整的 R^2	0.147	0.155
	tstatistics	in	parentheses
	$* p<0.1$	$** p<0.05$	$*** p<0.01$

第五章　信贷市场竞争程度的调节作用 | 169

高信贷市场集中度地区企业

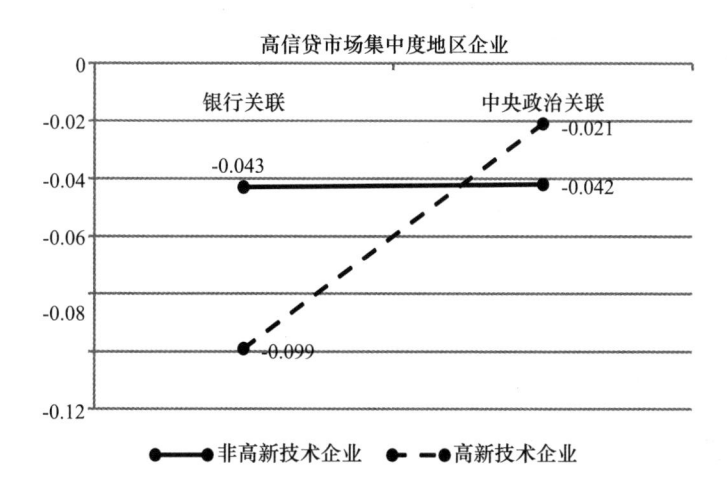

图 5-1　高新技术属性对高信贷市场集中度地区企业银行关联和
中央政治关联的调节

由于高信贷市场集中度地区企业银行关联与企业高新技术属性的交互项显著，而企业中央政治关联与企业高新技术属性的交互项不显著，因此假设 7a 获得支持，假设 7b 没有获得支持。

表 5-5 中回归结果的第二列展示的是高新技术属性对低信贷市场集中度地区企业的地方政治关联对企业债务期限影响的调节作用，当企业的高新技术属性取 0 时，表示企业地方政治关联对债务期限结构的影响为 0.081；当企业的高新技术属性取值为 1 时，表示企业的地方政治关联对债务期限结构的影响为 0.023。因此，高新技术属性负向调节而非正向调节企业的地方政治关联对企业债务期限结构的影响，因此假设 8b 没有获得支持。

三 多重共线性分析和采用管理层银行关联、政治关联的稳健性检验

首先通过计算分样本中变量的方差膨胀因子考察是否存在多重共线性问题，根据分析结果在分样本下所有变量的方差膨胀因子均远小于10，因此本部分的研究中不存在严重多重共线性问题。对回归结果的稳健性检验通过两种途径进行：第一，变量界定的替换，即使用董事长和总经理的银行和政府从业经历界定银行关联和政治关联替代本书中原有的界定；第二，选择工具变量进行两阶段的回归分析检验模型的内生性问题。

通过替换变量的途径进行稳健性检验的回归结果如表5-6和表5-7所示。其中表5-7是对依据不同信贷市场集中度进行样本划分之后检验的替代变量的回归结果，同表5-4的回归结果进行对比，回归系数出现了小幅度的变化，但是回归系数的符号和显著水平均未发生改变。因此，假设5a、假设5b和假设5c的内容仍然获得支持。

表5-6 不同信贷市场集中度地区企业的银行关联和政治关联对信贷融资影响的稳健性检验

变量名	变量标签	(1) 总样本长期借款比例	(2) 高信贷市场集中度地区企业长期比例	(3) 高信贷市场集中度地区企业短期比例	(4) 低信贷市场集中度地区企业长期比例
Mlpcon	管理层地方政治关联	0.137***	0.003	-0.006	0.075***
		(7.451)	(0.208)	(-0.619)	(4.071)
Mbank	管理层银行关联	0.022**	-0.052**	0.098***	0.012
		(2.060)	(-2.207)	(7.755)	(0.406)

续表

变量名	变量标签	(1) 总样本长期借款比例	(2) 高信贷市场集中度地区企业长期比例	(3) 高信贷市场集中度地区企业短期比例	(4) 低信贷市场集中度地区企业长期比例
Mcpcon	管理层中央政治关联	-0.085***	-0.035***	0.007	-0.026
		(-3.249)	(-3.537)	(0.155)	(-0.967)
Hte	是否高新技术企业	-0.194***	0.005	-0.020	0.028*
		(-16.090)	(0.107)	(-0.697)	(1.779)
HHI	市场集中度	0.041***	-0.030	0.043	0.059***
		(2.541)	(-0.445)	(0.842)	(4.766)
Size	企业规模	0.021*	0.272***	-0.336***	0.222***
		(1.924)	(3.704)	(-5.166)	(5.003)
Cash	现金比率	-0.336***	-0.252***	0.303***	-0.208***
		(-8.812)	(-5.172)	(5.478)	(-8.148)
Growth	企业成长能力	-0.006	-0.004	0.003	0.019
		(-0.933)	(-0.891)	(0.888)	(1.534)
Tangible	资产可抵押性	0.308***	0.169***	-0.046	0.071***
		(80.329)	(3.123)	(-1.471)	(2.772)
Debt	企业负债水平	0.139***	0.022	-0.106***	0.204***
		(5.470)	(1.263)	(-4.469)	(4.319)
Roa	资产净利率	-0.029	0.024	-0.084***	0.023
		(-1.143)	(0.519)	(-3.467)	(0.806)
Currt	资产流动性	0.476***	0.318***	-0.719***	0.360***
		(17.745)	(10.374)	(-6.673)	(9.635)
Profit	企业盈利能力	0.075***	-0.021	0.026	0.017
		(2.855)	(-0.641)	(0.908)	(0.639)
EXF	外部融资需求	-0.160***	-0.085***	-0.050***	-0.056***
		(-8.309)	(-6.837)	(-4.833)	(-5.956)
Q	托宾Q值	0.029***	0.050***	-0.038***	0.011
		(5.248)	(4.356)	(-3.693)	(0.827)
B/M	账面市值比	0.104***	0.099***	-0.056***	-0.00900
		(3.684)	(13.524)	(-3.942)	(-0.757)

续表

变量名	变量标签	(1) 总样本长期借款比例	(2) 高信贷市场集中度地区企业长期比例	(3) 高信贷市场集中度地区企业短期比例	(4) 低信贷市场集中度地区企业长期比例
Year	年度	控制	控制	控制	控制
cons	截距项	-0.253***	0.122	-0.142**	-0.074***
		(-9.516)	(1.394)	(-2.147)	(-7.600)
N	观测值数	5013	2393	2231	2620
r2A	调整的 R^2	0.237	0.147	0.133	0.155
		tstatistics	in	parentheses	
		* $p<0.1$	** $p<0.05$	*** $p<0.01$	

表 5-7 的内容是对按照不同的信贷市场集中度进行样本划分之后,高新技术属性对政治关联和银行关联的影响所具有的调节作用在进行变量替换之后的检验,根据表 5-7 同表 5-5 的回归分析结果的对比,假设 6b 均获得支持,并且回归系数分别为 1% 显著水平下的 -0.056,以及 1% 的显著水平下的 -0.053。假设 7b 和假设 8b 都没有获得支持。

表 5-7 不同信贷市场集中度地区企业的高新技术属性调节作用的稳健性检验

变量名	变量标签	(1) 高市场集中度地区企业银行关联和中央政治关联	(2) 低市场集中度地区企业地方政治关联
Mlpcon	管理层地方政治关联	0.002	0.082***
		(0.155)	(4.348)

续表

变量名	变量标签	(1) 高市场集中度地区企业银行关联和中央政治关联	(2) 低市场集中度地区企业地方政治关联
Mbank	管理层银行关联	-0.046*	0.011
		(-1.724)	(0.383)
Mcpcon	管理层中央政治关联	-0.037***	-0.027
		(-3.689)	(-1.004)
Hte	是否高新技术企业	0.011	0.038**
		(0.224)	(2.216)
HHI	市场集中度	-0.029	0.059***
		(-0.437)	(4.716)
Hte_Mbank	高新技术属性×管理层银行关联	-0.053***	
		(-2.566)	
Hte_Mcp	高新技术属性×管理层中央政治关联	0.017	
		(0.112)	
Hte_Mlp	高新技术属性×管理层地方政治关联		-0.046***
			(-5.369)
Size	企业规模	0.272***	0.220***
		(3.726)	(4.956)
Cash	现金比率	-0.252***	-0.207***
		(-5.146)	(-8.144)
Growth	企业成长能力	-0.004	0.019
		(-0.885)	(1.559)
Tangible	资产可抵押性	0.168***	0.071***
		(3.102)	(2.793)
Debt	企业负债水平	0.022	0.204***
		(1.271)	(4.333)

续表

变量名	变量标签	(1) 高市场集中度地区企业银行关联和中央政治关联	(2) 低市场集中度地区企业地方政治关联
Roa	资产净利率	0.024	0.024
		(0.522)	(0.826)
Currt	资产流动性	0.317***	0.360***
		(10.399)	(9.650)
Profit	企业盈利能力	−0.021	0.017
		(−0.643)	(0.634)
EXF	外部融资需求	−0.085***	−0.057***
		(−6.639)	(−6.002)
Q	托宾Q值	0.050***	0.011
		(4.417)	(0.812)
B/M	账面市值比	0.098***	−0.008
		(13.375)	(−0.736)
Year	年度	控制	控制
cons	截距项	0.121	−0.078***
		(1.407)	(−7.673)
N	观测值数	2393	2620
r2A	调整的 R^2	0.147	0.155
	tstatistics	in	parentheses
	$^*p<0.1$	$^{**}p<0.05$	$^{***}p<0.01$

因此,通过替换变量的方法进行假设的回归检验,所获的结果均与替换之前相一致,对回归结果的稳健性形成了一定支持。

四 变量内生性的稳健性检验

参照第四章中内生性检验的做法,继续对政治关联和银行关联进行变量的内生性检验。不同于上一章中依据企业的所有权性质进行样本划分的方式,本部分是依据企业所在地区的信贷市场集中度的不同而进行的样本划分,因此银行关联和政治关联所对应的工具变量需要进行重新选择。依据样本划分原则,分别对不同子样本下的变量内生性检验进行考察,首先在信贷市场竞争程度低的子样本下,分别对银行关联和政治关联的内生性进行检验。在信贷市场集中度低的市场环境下,选择企业成长能力、盈利能力作为银行关联的工具变量(Lu et al., 2012),通过进行变量的过度识别检验,得知所选工具变量适用。进而进行戴维森—麦金农检验,获得 $p = 0.5744$ 表明银行关联不存在内生性问题。对政治关联的内生性检验,选择所有权性质和企业盈利能力同时作为中央政治关联和地方政治关联的工具变量,并且过度识别检验说明该工具变量的选择不存在识别过度或识别不足的问题,进一步戴维森—麦金农检验的结果为 $p = 0.7012$ 接受原假设,OLS 和 2SLS 的检验结果相一致。在加入交互项后,基于低信贷市场集中度地区的子样本进行的回归统计结果仍然通过内生性检验。

在信贷市场集中度高的地区的子样本中进行的回归结果的内生性检验,选择企业年龄、企业所有权性质、企业的高新技术属性和企业的盈利能力作为银行关联和政治关联的工具变量(余明桂和潘红波,2008),经过相应的工具变量适用性检验和内生性检验，获得戴维森—麦金农检验的结果 p = 0.9454，因此不存在内生性影响回归估计结果的问题（Davidson & MacKinnon，1993）。针对调节效应的内生性检验结果也同原回归估计结果相一致，因此所有检验均通过内生性检验。

第三节 本章小结

基于假设的内容，构建相应的计量回归模型，并选择相符合的样本进行数据收集，最终的检验结果如表 5-8 所示，本部分共包含 6 项假设，经过分析共有 4 项通过了假设检验，假设 7b 和假设 8b 没有获得支持。

表 5-8　　　　　　　　假设检验结果汇总

序号	假设内容	检验结果
假设 5a	相对于信贷市场竞争程度高的地区，在信贷市场竞争程度低的地区中企业的银行关联和其债务期限结构的关系更强	支持
假设 5b	相对于信贷市场竞争程度高的地区，在信贷市场竞争程度低的地区中企业的中央政治关联和其债务期限结构的关系更强	支持
假设 5c	相对于信贷市场竞争程度低的地区，在信贷市场竞争程度高的地区中企业的地方政治关联和其债务期限结构的关系更强	支持
假设 6b	在信贷市场竞争程度低的地区，高新技术属性负向调节银行关联对企业债务期限结构的影响	支持
假设 7b	在信贷市场竞争程度低的地区，高新技术属性负向调节中央政治关联对企业债务期限结构的影响	不支持
假设 8b	在信贷市场竞争程度高的地区，高新技术属性正向调节地方政治关联对企业债务期限结构的影响	不支持

第六章 结论与讨论

第一节 研究的结论与讨论

在市场经济体制不完善，制度环境和法律体系不健全的社会环境中，银行关联和政治关联作为非正式制度因素为企业获得外部融资支持，改善企业绩效提供了信誉机制和资源支持，对企业信贷资金的获得具有直接影响。信贷资金是企业的重要外部融资来源，融资活动关系着企业的发展命脉，根据已有研究我们获知信息不对称和企业财产权的保护是企业进行融资需要面对的两个主要问题，银行关联对缓解企业和银行之间的信息不对称具有直接影响，政治关联则能协助实现企业财产权的保护，具体来说银行关联对于企业债务期限结构的影响路径源于社会资本力量、信息传播效应和知识效应，地方政治关联的作用途径是财产权的保护，对法律制度形成补充而强化履约机制以及为企业带来寻租收益，中央政治关联的影响主要是政策效应。基于本书的分析，银行关联和不同层级的政治关联通过以上作用路径对企业债务期限结构产生的影响均获得了支持。在此基础上，进一步分析企业的所有制情境和信贷市场竞争情境的调节作用，发现银行关联和不同层级的政治关联在具有不同产权性质的企业中以及不同的信贷市场竞争程度中表现出明显的差异。待到将高新技术企业属性作为调节变量引入到所有制情境和信贷市场竞争情境影响下的结果之中，获知这种特殊的企业属性会在特定的情形之下体现出对银行关联和不同层级的政治关联影响企业债务期限结构的调节作用。

按照本书确定的框架结构，主要基于三个层级逐步展开研究，获得的研究结果主要可以做以下梳理：在同时将银行关联、政治关联作为影响企业债务期限结构的非正式因素的前提之下，银行关联、地方政治关联都能够增加企业的债务期限结构，中央政治关联主要体现政策效应，中央政治关联负向影响企业债务期限结构；银行关联和不同层级的政治关联对企业债务期限结构所体现出的作用效果随企业的所有制情境和信贷市场竞争情境而发生转移，如民营企业和国有企业相比，银行关联和地方政治关联对企业债务期限结构的影响在民营企业中更能体现，中央政治关联对企业债务期限结构的影响则着重在国有企业中表现，信贷市场竞争程度高的地区和信贷市场竞争程度低的地区相比，银行关联和中央政治关联对企业债务期限结构的影响在信贷市场竞争程度低的地区表现更强，地方政治关联对企业债务期限结构的影响在信贷市场竞争程度高的地区作用效果更大；考虑企业的高新技术企业属性时，其调节效应在所有制情境下和信贷市场竞争情境下都有可能获得体现，但需要在满足相应条件的前提下，根据分析，当在民营企业中时，高新技术属性的调节作用会体现在正向影响地方政治关联和企业债务期限结构的关系之中，当在信贷市场竞争程度低的地区时，高新技术属性的调节作用体现在负向影响银行关联和企业债务期限结构的关系中。

因此，结合本书的分析结果，我们可以获得以下结论：

第一，面对制度环境不健全、法律机制相对较薄弱的国家，政治关联和银行关联可以作为替代机制来为企业缓解融资约束，但是需要注意的是发挥这种作用的主要是地方政治关联和银行关联，中央政治关联主要是发挥政策效应，其对企业融资的影响同正在推行的经济和融资政策相关。

第二，政治关联和银行关联对于企业获得长期借款的影响在不同的所有制情境或信贷市场竞争情境下存在差异，不同层级的政治关联对于企业获得长期借款的影响也在不同的所有制情境或信贷市场竞争情境下存在差异。由于在民营企业的发展历程以及在资源获取中的劣势地位，银行关联和地方政治关联作为非正式制度因素对于民营企业信贷资源的调整作用更大；国有企业同政府之间的天然联系使它存在预算软约束，但同时也带来政策性负担，因此中央银行关联的政策效应在国有企业中具有强的体现。由于信贷市场竞争程度情境的作用，带来企业面临的信贷市场竞争程度和垄断程度的变化，使得在信贷市场竞争程度低即垄断程度高时，市场中的信息不对称严重，此时银行关联的信息传播效应更能够凸显，政府干预对于修正资源配置的作用更大，因此中央政治关联的政策效应更易显现；

反之在信贷市场竞争程度高时，对于企业产权的保护能够辅助竞争机制实现资源的合理配置，因此地方政治关联的作用在此时更加显著。

然而需要注意的是基于分样本进行所有制情境和信贷市场竞争情境对于银行关联影响企业债务期限结构具有调节作用时，虽然银行关联对于企业债务期限结构的影响在不同的分样本中体现出了明显的差异，但是在民营企业和信贷市场竞争程度低的地区的分样本中，银行关联表现出对企业债务期限结构的显著负向影响，我们认为出现该现象的原因是我们进行数据回归的模型选择发生了改变，结合实际进行解释可能是由于我们的样本选择的是存在股权融资偏好的上市公司（黄少安和张岗，2001；陆正飞和叶康涛，2004）。我国上市企业的融资顺序表现为：内源融资、股权融资、短期债务融资、长期债务融资（黄少安和张岗，2001）。基于黄少安和张岗的研究，上市企业存在股权融资偏好是出于三个方面（黄少安和张岗，2001）：（1）上市公司的股权融资的单位资本成本低于债务融资的单位资本成本，这是我国上市企业具有股权融资偏好的直接原因。（2）基于上市企业管理者的利益分析，其管理者的目标函数主要包含控制权和收益两个方面，控制权收益是我国上市公司管理层收益的主要部分，我国上市企业将配股、增发新股作为对管理层业绩好的奖励。同时，西方的融资结构理论认为企业管理层的个人效用价值依赖于其管理地位，进而依赖于企业的经营状况，然而债务融资会增加企业的负债率，形成财务硬约束，这可能对企业的自由现金流形成压力，另外债务融资会引致企业控制权的丧失。(3)由于我国股票发行的制度和资本市场的不完善,上市公司的权益资本充足,我国上市企业进行股权融资所投入的成本是一种软约束下形成的软成本,而债务融资则具有到期还本付息的强约束,并且债务融资中长期债务的约束成本比短期负债的约束成本更强。借助以上观点,我们认为当企业并不面临融资约束时,企业建立银行关联的目的需要同企业的自我选择行为相联系。因此,企业将银行关联作为一种直接手段为其融资偏好次序的实现而服务,根据其融资偏好的次序企业将降低长期债务的比例并提高短期债务的比例。此时,在分样本中银行关联和地方政治关联对企业债务期限结构的影响具有互补性。

第三,高新技术属性对民营企业和国有企业中银行关联和政治关联对企业债务期限结构的影响效果具有不同的调节作用。高新技术属性能够为企业的融资带来的影响有四个:高新技术企业融资项目多为风险高、收益不确定的研发项目,能够增加银企之间的信息不对称带来的风险;高新技术企业能够享受到税收优惠和政府补贴,能够为企业带来部分财政支持;发展高新技术企业是中央政策极力倡导和支持的,符合地方政府官员的政绩需求;高新技术企业可能具有一定的向地方政府寻租的能力,能够和地方政府关联相得益彰。将高新技术属性能够为企业带来的影响同银行关联和政治关联的影响相结合,只有在具有地方政府关联的民营企业中,高新技术属性的特征和地方政治关联相辅相成,使银行在风险和利益的权衡之中基于企业财产权的充分保护而选择信任从而为企业提供更多的长期借款。

相比之下，在民营企业中，高新技术属性对于银行关联和中央政治关联影响企业债务期限结构的过程并没有显著的调节作用，我们分别就出现这种现象的原因展开分析。首先，企业的高新技术属性没有出现负向调节银行关联对企业债务期限结构影响过程的现象，这可能是因为高新技术属性为企业带来的政府补贴以及税收优惠提高了企业获得银行贷款的可能性，这种提升在一定程度上抵消了高新技术企业项目风险所带来的信息不对称问题所增加的债务风险，最终造成了该调节效果不显著的结果。其次，在国有企业中央政治关联对企业债务期限结构的影响中，高新技术属性并不存在显著的调节作用。根据已有的研究，推测出现这种情况的原因可能是具有高新技术属性的企业能够从政府补贴等渠道缓解其融资需求，因此并不需要借助非正式制度因素来获得扶持性贷款（祝继高，2015），因此企业的中央政治关联所凸显的作用效果主要是在推行金融改革政策方面，其效果并未受到企业的高新技术属性影响。

第四，在不同信贷市场竞争程度情况下，企业的高新技术属性对于非正式制度因素影响企业债务期限结构过程的调节作用主要表现在信贷市场竞争程度低的地区，企业的高新技术属性负向调节企业银行关联对其债务期限结构的影响。当银行处于垄断的强势地位时，信息的不对称程度的增加会使企业的贷款难度增加。在信贷市场竞争程度低时，高新技术属性未能体现出对中央政治关联影响企业债务期限结构的调节作用，在上市企业中高新技术属性能够为企业带来的政策性贷款支持对企业来说数额较小且影响不大，因此对中央政治关联的政策效应带来的金融政策的影响结果的改变程度不显著。在信贷市场竞争程度低的地区，由于针对高新技术企业的政策补贴和税收优惠的存在，高新技术属性对地方政治关联在信贷融资中作用的期许有所下降（祝继高，2015），因此高新技术属性对企业地方政治关联的调节作用并未显现。

第二节 理论贡献与管理应用

一 理论贡献

本书将银行关联和政治关联同时作为影响企业信贷融资的重要的非正式制度因素进行探讨，并将企业按照所有制性质和企业所在地区的信贷市场集中度进行划分，分别分析银行关联和政治关联在不同样本类型中对企业信贷融资的影响，并将企业的高新技术属性基于理论分析和实践需要纳入讨论，丰富和拓展了前人的研究。本书的理论贡献可概括为以下内容：

第一，本书从寻租的视角提出了银行关联和政治关联存在的必要性，为信贷配给理论的发展方向提供了新支持。信贷配给理论立足于对企业信贷配给现象出现原因的挖掘，其要点主要集中于银行信贷配置过程的影响因素，该理论的研究视角从银行的利益最大化视角逐渐转变为对企业的社会关系影响银行信贷可得性的探讨，本书从寻租的角度对该研究方向的转变提供了支撑，根据寻租理论的内容，政府的行为会造成无意创租、被动创租和主动设租等不同类型，我国银行和企业的产权制度的特殊性以及政府干预在信贷市场中的重要作用为企业创造了寻租空间，而银行关联和政治关联作为重要的社会资本，根据社会资本理论其在资源的获取和利益的分配中具有影响力，因此二者作为企业寻租的具体途径被纳入企业获得信贷资金的支持因素。从寻租的视角，银行关联和政治关联存在的意义重新获得了解释和印证，并基于社会资本理论的发展，社会资本的力量已从大量研究和实证分析中获得支持，因此将银行关联和政治关联作为实现融资寻租的社会资本力量能为信贷配给理论的演化过程提供新的支撑。

第二，将银行关联和政治关联同时进行讨论，修正了以往将二者割裂研究的问题，对企业债务期限结构影响因素的探讨和信贷配给理论的发展提供了补充。从银行放贷在风险和收益方面所做的考察和企业申贷时信息不对称以及财产权保护方面的重要支持考虑，将银行关联和政治关联作为影响银行和企业之间信贷活动的因素进行考虑均是必不可少的，银行关联强调的是银行和企业的主要管理者或主要股东之间直接产生的联系，政府关联则主要强调企业和政府之间的关联，两种重要的非正式制度因素能够通过不同的途径来影响信贷资源的配置过程。因此，银行关联和政治关联同作为影响企业信贷融资的非正式制度因素如同左膀右臂在制度体系和市场机制不完善的新兴经济体国家中作为一种替代机制来影响信贷资源配置的实现，该问题的深入探讨对于信贷配给理论由基于理性因素分析向基于非正式因素讨论的转变提供了丰富的研究支持。

第三，将父爱主义理论、信息可信性理论运用到政治关联对企业的债务期限结构影响分析中，对所有制情境和信贷市场竞争情境的影响进行了更为深入透彻的分析，拓宽了企业融资影响因素研究的视野。父爱主义理论是一个法学的理论，最初被运用到经济学领域是为了说明国有企业的预算软约束问题（Kornai，1986）。本书中运用父爱主义理论强调政府对不同产权企业的父爱主义行为的差异，以及该行为造成国有企业和民营企业在政策响应和融资策略上的不同反应，从而引发非正式制度因素对企业债务期限结构的影响差异。信息的可信性理论作为社会心理学的理论其内容是信息的可信性主要通过信息发送者的声誉或信息的内容建立（Cialdini & Trost，1998）。信息的可信性（credibility）对信息的说服性效果具有非常重要的影响（Pornpitakpan，2004）。可信性主要包括信息本身的可靠性（reliability）和信息接受者的信任（trust），是决定信息分享有效性的关键。本书中借用信息可信性理论说明银行关联所对企业和银行之间信息不对称的改善。

第四，将样本企业按照所有制情境和信贷市场竞争情境进行细分，然后分析在具体子样本中企业的银行关联和政治关联对其信贷融资的影响，并通过严谨的计量回归过程检验了银行关联和政治关联对企业的债务期限结构影响的情况，丰富了信贷配给理论和企业债务期限结构影响方面的实证研究。基于企业的所有权性质，将企业划分为民营企业和国有企业，在父爱主义理论的指导下不同所有权性质的企业面临的融资形势不同，银行关联对企业债务期限结构的作用主要在民营企业中体现，地方政治关联能够显著影响民营企业的债务期限结构，中央政治关联对企业债务期限结构的负面作用在国有企业中更为显著。

在市场失灵理论的基础上，将企业按照其所在地区信贷市场竞争程度进行分类，信贷市场竞争程度的不同，重新改变了银行关联和政治关联对企业信贷融资的作用格局，在信贷市场竞争程度低的地区，银行关联和中央政治关联能够显著改变企业的债务期限结构，而在信贷市场竞争程度高的地区，地方政治关联与企业债务期限结构之间的关系更强。进一步基于经济增长理论将企业的高新技术属性作为调节变量引入非正式制度因素对企业债务期限结构影响的分析中，并发现基于一定的情境特点，高新技术属性的调节作用能够获得支持，丰富了非正式制度因素对企业债务期限结构影响的微观机理的探究。

二 管理应用

基于企业面临的融资现状和研究获得的结论，本书为企业的发展和良序融资活动的构建提供如下管理建议：

第一，从企业缓解融资困境的角度，企业在通过搭建社会关系来影响信贷融资活动时需因势利导，不能盲目投入。由于我国传统文化的影响，"关系"在我国的商业活动中提供了信誉和契约支持，不同于完全依靠合同进行合作的西方国家，通过朋友或是亲人形成的关系基础以及建立在关系中的信任成为了商业合作和人与人之间利益往来的隐形契约，因此企业在发展中离不开社会关系的影响，甚至为了构建某种社会关系企业需要因人设岗或进行经济投入来维护相关的社会资本以备后用。然而基于某些企业尤其是民营企业在融资方面具有阻碍，因此企业在进行建立社会资本的投入时需要慎重进行，根据本书的理论分析和实证研究结果,在不同的信贷市场竞争条件下,企业的银行关联和政治关联对企业的债务期限结构的影响不同,当企业进行银行关联或政治关联的构建和维护时,若其出发点是改善企业的信贷融资状况,企业有必要对所面临的当地信贷市场进行分析后再制定具体策略。银行关联和不同层级的政治关联对于民营企业和国有企业的债务期限结构影响主要表现为银行关联、地方政治关联对民营企业具有显著影响,而中央政治关联对国有企业的债务期限结构具有显著影响,因此当企业可投入的资源有限时,需要审时度势有的放矢地选择投入的对象,以提高资源投入的有效性。

第二,对高新技术企业属性的重新定位,从企业的高新技术属性对银行关联和政治关联影响的调节作用中为高新技术企业认定制度的完善和相应的监督提供启示。高新技术企业认定制度的初衷在于对技术创新的支持和鼓励,进而为经济的转型升级提供支撑,然而国家对于高新技术企业的政府补贴和优惠政策成为了一些企业所觊觎的经济租金,为获得高新技术企业认定而进行相应的寻租行为,从而影响了社会资源的配置效率。基于本书中的分析结果,建立政治关联和银行关联也是企业进行的非生产性的寻租活动,因此高新技术企业属性在不同情况下对于该寻租过程具有促进或抑制作用。高新技术企业的认定本身是政府的一种无意创租,鉴于高新技术属性在企业融资影响中的调节作用,政府有必要采取制度措施完善高新技术企业的认定过程,采取不同层级的政府组织部门联动的认定机制,并进行跨地区的企业高新技术属性审核过程,避免企业将高新技术属性的认定作为寻租策略，滋生非生产性的寻租活动所造成的资源浪费。

第三，从可持续发展的长远视角，政府建立完备规范的制度环境和全面系统的法律体系加以辅助为企业发展创造良好的外部环境是改善市场现状，提高社会资源使用效率的重要支持。根据企业的所有制和所在地区的信贷市场发展造成企业的融资状况改变的结论可知，企业为融资所进行的寻租行为的动机和寻租的结果不仅关系到金融市场化的改革同时也受到国家的政治体系、经济体系各方面社会体制改革的牵动，比如推动国有企业的改革，使民营企业和国有企业在资源的可获得性竞争中相互靠拢从而削弱民营企业的寻租动机。同时政策的制定需要清晰明确，对政策执行的过程具有严格的法律监督体系，避免政策实施时官员计较个人得失，减少政策执行者的决策弹性，以压缩权力的寻租空间，另外对于官员的职业发展明确规定，从政策上杜绝官员的社会资源成为企业寻租的手段，从而避免非生产性的寻租活动所造成的资源浪费。

第三节　研究不足和研究展望

本书在大量理论研究和实证分析文献的基础上，对于银行关联和政治关联的影响按照新思路进行了深入探究，获得了些许研究进展，但也具有研究不足：第一，由于数据的限制，对于企业高层管理者和主要股东的背景信息掌握有限，只能依据企业公开的背景信息进行数据的收集工作，因此只能局限于高

第六章 结论与讨论 | **189**

管的任职经历直接产生的银行关联或政治关联,无法囊括通过同学、家人、朋友获得的银行或政府的社会资源产生的影响。第二,银行关联和政治关联对企业的影响会随企业的高管背景的变化和外部政策的调整而表现出动态性,基于上市公司开展的研究获得的政治关联和银行关联的影响结果以及高新技术属性的调节作用的普适性亟待验证。

从非正式制度对企业发展中的融资活动和企业发展进行分析更贴近现实,毕竟市场不完备性使经济活动受到各类不同因素的影响,为了进一步揭开新兴经济体国家经济迅速增长的隐形机制,基于银行关联和政治关联影响的研究将从以下几个方面进行:

第一,对银行关联和政治关联进行更加详细的界定,在类型和关联强度方面进行细分,并通过媒体的报道等信息渠道挖掘企业管理者的社会资源信息对银行关联和政治关联进行补充,建立合理完善的银行关联和政治关联的指标体系,如国外将企业管理者在杂志中的曝光率,以及是否进入富豪榜排名作为政治关联的参考依据(Faccio et al.,2006)。在研究操作中,将银行关联和政治关联按照具体指标体系的设定将其输出为连续性变量进行计量,另外从样本细分的角度,根据本书的内容,可将研究的样本进一步进行两两交互,即样本的划分标准变为所有权性质和企业所在地区的信贷市场集中度的交互,因此划分为高市场集中度地区的民营企业、高市场集中度地区的国有企业、低市场集中度地区的民营企业和低市场集中度地区的国有企业。基于此种研究思路对企业的银行关联和政治关联的影响机制的探讨提升到新的深度和高度。

  第二，分析银行关联和政治关联等非正式制度因素产生的动机以及对企业的投资活动的影响。根据本书的内容银行关联和政治关联对企业的融资活动在不同的情况下会造成不同的影响，跟其他研究的结果相类似，企业的地方政治关联能够为民营企业带来更多的长期借款，企业谋求融资支持的初衷是进行投资活动来促进企业的发展，地方政府对民营企业的支持一部分源于地方财政的压力期望提高企业的绩效来增加财政收入，另一部分基于政策执行者的个人决策。那么通过非正式制度因素的影响获得的融资或政府补贴的支持是否能够实现企业绩效的改善，这部分投资的效率如何，不同的企业特征和地区经济环境对其投资过程是否也存在影响等问题都需要进一步探讨。如果能够对银行关联和政治关联影响企业投资的机制加深了解并进行全面的探讨，将为社会资源配置的改善提供有价值的建议。

参考文献

（一）中文文献

白俊、连立帅：《信贷资金配置差异：所有制歧视抑或禀赋差异？》，《管理世界》2012 年第 6 期。

白钦先、赫国胜、张荔：《赶超型国家金融体制变迁研究》，中国金融出版社 1970 年版。

陈雨露、马勇：《转轨经济中的银行监管代理关系与监管者自利》，《经济理论与经济管理》2007 年第 7 期。

邓建平、曾勇：《金融生态环境、银行关联与债务融资——基于我国民营企业的实证研究》，《会计研究》2011 年第 12 期。

樊纲等：《中国市场化进程对经济增长的贡献》，《经济研究》2011 年第 9 期。

方军雄：《民营上市公司，真的面临银行贷款歧视吗？》，《管理世界》2010 年第 11 期。

苟琴等：《银行信贷配置真的存在所有制歧视吗？》，《管理世界》2014 年第 1 期。

何韧等：《银企关系、制度环境与中小微企业信贷可得性》，《金融研究》2012年第11期。

黄少安、张岗：《中国上市公司股权融资偏好分析》，《经济研究》2001年第11期。

姜付秀、刘志彪：《行业特征、资本结构与产品市场竞争》，《管理世界》2006年第10期。

黎凯、叶建芳：《财政分权下政府干预对债务融资的影响——基于转轨经济制度背景的实证分析》，《管理世界》2007年第8期。

李维安等：《慈善捐赠、政治关联与债务融资——民营企业与政府的资源交换行为》，《南开管理评论》2015年第1期。

林毅夫等：《政策性负担与企业的预算软约束：来自中国的实证研究》，《管理世界》2004年第8期。

林毅夫、李志赟：《政策性负担、道德风险与预算软约束》，《经济研究》2004年第2期。

刘志彪等：《资本结构与产品市场竞争强度》，《经济研究》2003年第7期。

罗党论、甄丽明：《民营控制、政治关系与企业融资约束——基于中国民营上市公司的经验证据》，《金融研究》2008年第12期。

潘越等：《政治关联与财务困境公司的政府补助——来自中国ST公司的经验证据》，《南开管理评论》2009年第5期。

沈红波等：《金融发展、融资约束与企业投资的实证研究》，《中国工业经济》2010年第6期。

孙铮等：《市场化程度、政府干预与企业债务期限结构——来自我国上市公司的经验证据》，《经济研究》2005年第5期。

孙铮等：《所有权性质、会计信息与债务契约——来自我国上市公司的经验证据》，《管理世界》2006年第10期。

唐清泉、罗党论：《政府补贴动机及其效果的实证研究——来自中国上市公司的经验证据》，《金融研究》2007年第6期。

吴敬琏：《当代中国经济改革战略与实施》，上海远东出版社1999年版。

吴文锋等：《中国民营上市公司高管的政府背景与公司价值》，《经济研究》2008年第7期。

吴文锋等：《中国上市公司高管的政府背景与税收优惠》，《管理世界》2009年第3期。

余明桂、潘红波：《政府干预、法治、金融发展与国有企业银行贷款》，《金融研究》2008年第9期。

翟胜宝等：《银企关系与企业投资效率——基于我国民营上市公司的经验证据》，《会计研究》2011年第4期。

张杰：《制度、渐进转轨与中国金融改革》，中国金融出版社2001年版。

张敏等：《政治关联与信贷资源配置效率——来自我国民营上市公司的经验证据》，《管理世界》2010年第11期。

周好文、李辉：《中小企业的关系型融资：实证研究及理论释义》，《南开管理评论》2005年第1期。

周黎安：《中国地方官员的晋升锦标赛模式研究》，《经济研究》2007年第7期。

周业安、赵坚毅:《我国金融市场化的测度、市场化过程和经济增长》,《金融研究》2005年第4期。

祝继高:《产业政策、银行关联与企业债务融资——基于A股上市公司的实证研究》,《金融研究》2015年第3期。

[美] 德鲁克:《管理:使命、责任、实务(责任篇)》,机械工业出版社2006年版。

[美] 斯蒂格利茨、沃尔什:《经济学》,中国人民大学出版社2005年版。

(二) 英文文献

Allen Franklin, "Corporate governance in emerging economies", *Oxford Review of Economic Policy*, 2005, 21 (2).

Arneson, Richard J., "Joel Feinberg and the justification of hard paternalism", *Legal Theory*, 2005, 11 (3).

Bai Chong-En, et al., "Local protectionism and regional specialization: Evidence from China's industries", *Journal of International Economics*, 2004, 63 (2).

Barclay, Michael J. and Clifford W. Smith Jr., "The maturity structure of corporate debt", *The Journal of Finance*, 1995, 50 (2).

Beck Thorsten, and Ross Levine, "Law, endowments, and finance", *Journal of Financial Economics*, 2003, 70 (2).

Beck Thorsten, Ross Levine and Norman Loayza, "Finance and the sources of growth", *Journal of Financial Economics*, 2000, 58

(1-2).

Bharath Sreedhar, et al. , "So what do I get? The bank's view of lending relationships", *Journal of Financial Economics*, 2007, 85 (2).

Byrd, Daniel T. and Mark S. Mizruchi, "Bankers on the board and the debt ratio of firms", *Journal of Corporate Finance*, 2005, 11 (1).

Chakravarty Sugato and Tansel Yilmazer, "A multistage model of loans and the role of relationships", *Financial Management*, 2009, 38 (4).

Che Jia hua, "Rent seeking and government ownership of firms: An application to China's township-village enterprises", *Journal of Comparative Economics*, 2002, 30 (4).

Claessens Stijn, Erik Feijen and Luc Laeven, "Political connections and preferential access to finance: The role of campaign contributions", *Journal of Financial Economics*, 2008, 88 (3).

Cull Robert and Lixin Colin Xu, "Institutions, ownership, and finance: The determinants of profit reinvestment among Chinese firms", *Journal of Financial Economics*, 2005, 77 (1).

Degryse Hans and Patrick Van Cayseele, "Relationship lending with in a bank-based system: Evidence from European small business data", *Journal of Financial Intermediation*, 2000, 9 (1).

Fama, Eugene F. and Kenneth R. French, "The cross-section of expected stock returns", *The Journal of Finance*, 1992, 47 (2).

Hottenrott Hanna and Bettina Peters, "Innovative capability and financing constraints for innovation: More money, more innovation?", *Review of Economics and Statistics*, 2012, 94 (4).

James Christopher, "Some evidence on the uniqueness of bank loans", *Journal of Financial Economics*, 1987, 19 (2).

Johnson Simon, et al., "Why do firm shide? Bribes and unofficial activity after communism", *Journal of Public Economics*, 2000, 76 (3).

Johnson Simon, John McMillan and Christopher Woodruff, "Property rights and finance", *American Economic Review*, 2002, 92 (5).

Johnson Simon and Todd Mitton, "Cronyism and capital controls: Evidence from Malaysia", *Journal of Financial Economics*, 2003, 67 (2).

Kaplan, Steven N. and Bernadette A. Minton, "Appointments of outsiders to Japanese boards: Determinants and implications for managers", *Journal of Financial Economics*, 1994, 36 (2).

Khwaja Asim Ijaz and Atif Mian, "Do lenders favor politically connected firms? Rent provision in an emerging financial market", *The Quarterly Journal of Economics*, 2005, 120 (4).

Myers, Stewart C., "Determinants of corporate borrowing", *Journal of Financial Economics*, 1977, 5 (2).

Petersen, Mitchell A. and Raghuram G. Rajan, "The benefits of lending relationships: Evidence from small business data", *The*

Journal of Finance, 1994, 49 (1).

Pornpitakpan Chanthika, "The persuasiveness of source credibility: A critical review of five decades' evidence", *Journal of Applied Social Psychology*, 2004, 34 (2).

Rajan, Raghuram G. and Luigi Zingales, "What do we know about capital structure? Some evidence from international data", *The Journal of Finance*, 1995, 50 (5).

Rosenstein Stuart and Jeffrey G. Wyatt, "Outside directors, board independence, and shareholder wealth", *Journal of Financial Economics*, 1990, 26 (2).

Sharpe, Steven A., "Asymmetric information, bank lending, and implicit contracts: A stylized model of customer relationships", *The Journal of Finance*, 1990, 45 (4).

Solow, Robert M., "Technical change and the aggregate production function", *The Review of Economics and Statistics*, 1957, 39 (3).

Tullock Gordon, "The welfare costs of tariffs, monopolies, and theft", *Economic Inquiry*, 1967, 5 (3).

Vance, Stanley C., "Corporate governance: Assessing corporate performance by board room attributes", *Journal of Business Research*, 1978, 6 (3).

后　　记

在中国人民大学高校科研基金（14XNH225）、山东省社会科学基金（19BJCJ09）和国家社科一般课题（18BGL048）的支持下，笔者进行了银行关联、政治关联对企业信贷融资影响的研究。在国内外文献综述的基础上，着重对银行关联和不同层级的政治关联对企业债务期限结构产生的影响进行系统分析。探讨了银行关联和不同层级的政治关联对企业债务期限结构的影响，分析了企业的所有制情境效应和信贷市场竞争程度情境效应对于银行关联和不同层级的政治关联影响企业债务期限结构所产生的调节作用，讨论了企业的高新技术属性对于银行关联和不同层次的政治关联影响企业债务期限结构所产生的调节作用。并建立了计量回归模型，使用上市民营企业的数据进行了实证分析。基于以上分析为民营企业的发展和良序融资活动的构建提供了管理建议。

该著作主要由青岛大学商学院周雪完成写作，特别感谢博士研究生在读期间导师中国人民大学商学院刘国山教授的指导！

对青岛大学商学院的王庆金、周键、王强等老师和同学参与讨论和校对表示感谢，对中国人民大学的李平、许年行老师的指导表示感谢！

对中国社会科学出版社刘艳编辑表示感谢，对课题的支持单位表示感谢，对青岛大学给予的支持表示感谢！

周 雪

2019 年 3 月